KB075725

국제기구와
환경 · 농업 · 식량:

UNEP · FAO · WFP

유네스코 아태교육원 국제기구 총서 6

국제기구와

환경·농업·식량:

UNEP·FAO·WFP

인 쇄: 2015년 2월 27일
발 행: 2015년 3월 3일
기 획: 유네스코 아시아태평양 국제이해교육원
공저자: 김준석·조동준·이왕휘

발행인: 부성옥
발행처: 도서출판 오름(www.oruem.co.kr)
등록번호: 제2-1548호(1993. 5. 11)
주 소: 서울특별시 중구 퇴계로 180-8 (필동 1가)
        서일빌딩 4층
전 화: (02) 585-9122, 9123 / 팩 스: (02) 584-7952

ISBN 978-89-7778-437-6   93340

이 저서는 2012년 정부(교육과학기술부)의 재원으로 한국연구재단의 지원을 받아
수행된 연구임(NRF-2012S1A5B4A01035996)

유네스코 아태교육원 국제기구 총서 6

국제기구와
환경·농업·식량:
UNEP·FAO·WFP

김준석·조동준·이왕휘 공저

APCEIU 오름

International Organizations in Environmental and Agricultural Issues:

UNEP·FAO·WFP

KIM Joon Suk·JO Dong Joon·LEE Wang Hwi

APCEIU·ORUEM Publishing House
Seoul, Korea
2015

머리말

식량부족, 식량불균형, 환경 문제는 인류 공통의 관심사이다. (1) 식량부족은 20세기 중엽 전까지 상수와 같은 난제였다. 20세기 초반 질소비료가 만들어지면서 식량부족이 해결될 수 있는 계기가 마련되었지만, 제2 농업혁명의 잠재력이 일부 지역에서만 국한되어 나타났다. 식량 문제 해결에 필요한 자원의 불균형 배분이 20세기 초반 국제사회의 중요한 의제였다. (2) 식량불균형도 인류의 공통 관심 사안이다. 제2 농업혁명이 시차를 두고 진행되면서 일부 지역에서는 식량이 과잉 생산되는 반면, 대부분 지역에서는 식량이 부족하다. 공간에 따라 식량과잉과 식량부족이 나타나는 현상은 인류의 양심에 큰 부담이며, 식량과잉을 경험하는 지역에서는 식량가격을 둘러싼 사회적 갈등이 나타난다. (3) 환경 문제는 전형적으로 외부효과를 유발하는 쟁점으로 국가 간 갈등을 초래한다. 또한, 환경보존 또는 보호는 당위로서 쉽게 받아들여지지만 비용과 효용의 배분을 둘러싼 입장 차이는 쉽게 해소되지 않는다. 세 쟁점의 해결을 위해서는 의도적인 외부 개입이 필요하다.

국제기구는 어떤 역할을 담당하는가? (1) 국제기구는 식량부족의 문제를 해결하기 위한 자원의 불균형 분포를 해결하기 위하여 정보와 자원을 공유하는 장이다. 국제기구가 만남의 장으로 작동하면서 필요한 정보가 빠르게 확산된다. 식량농업기구Food and Agricultural Organization: FAO가 식량부족 문제를 해결하기 위하여 정보교환에 집중하는 이유는 문제해결을 위한 자원과 정보가 불균형하게 분포하기 때문이다. (2) 국제기구는 식량자원을 다른 목적을 달성하기 위하여 활용할 수도 있다. 식량과잉국은 넘치는 식량을 외국으로 내보내야 하는데, 외국으로 유입되는 식량은 식량부족국의 생산의지를 약화시켜 식량부족을 만성으로 만들 위험이 있다. 세계식량계획World Food Programme: WFP 은 잉여 식량을 식량부족국의 생산의지를 저해하지 않으면서 국제사회의 공동 문제를 해결하기 위한 자원으로 활용하는 국제기구이다. (3) 국제기구는 국제사회에서 일어나는 시장실패를 극복하는 데 도움을 줄 수 있다. 환경 문제는 부정적 외부효과를 국경 밖으로 유발시킨다. 즉, 환경 문제의 유발자는 환경 문제의 피해를 타국에게 떠넘긴다. 또한, 이미 발생한 환경 문제를 해결하는 데 필요한 비용은 참가국에게 집중되는 반면, 환경 문제를 해결함으로써 얻는 효용은 비참가국에게도 분산된다. 이런 환경 문제의 특성으로 인하여 환경 문제가 상대적으로 쉽게 일어나며 이미 발생한 환경 문제는 해결되기 어렵다. 유엔환경계획United Nations Environment Programme: UNEP 은 환경보호와 보전을 위한 규범을 먼저 만들고, 환경 문제에 관한 정보를 제공하고, 환경 문제를 협의할 수 있는 만남의 장소를 제공함으로써, 국제사회가 환경 문제를 해결하는 데 기여하고 있다.

식량부족

신석기 시기 인류가 농업을 시작하면서 인류는 원시 채집기보다 안정적으로 먹거리를 확보할 수 있었다. 충적세(沖積世)에 접어들면서 곡물을 재배할 수 있는 기후 조건이 마련된 상황에서, 인류는 곡물을 재배하고 가축을 사육하게 되었다. 이로써 인류가 생존 수준을 넘는 잉여식량을 확보할 수 있게 되었다. 식량을 생산하면서 인류는 떠돌이 생활을 멈추고 정주 생활을 하게 되었다. 약 9천 년 전부터 지구상 몇 곳에서 거대 정주 생활을 하는 인간 집단이 등장하였다. 이 인간집단 안에서 인구의 증가, 문자의 발명, 과학기술의 발전, 사회적 기능의 분화 등이 병렬적으로 진행되었다. 신석기 농업 혁명으로 인류는 역사시대에 진입하게 되었다.

식량 문제가 무엇인가? 인류가 채집생활을 하던 선사시대는 물론 농경생활을 시작한 역사시대에도 식량부족이 가장 큰 문제였다. 종자 개량, 관개시설의 도입, 농기구 도입 등으로 일시적으로 식량증산이 이루어지면, 이는 인구증가로 이어졌다. 인류가 생산한 식량에 맞추어 인구가 유지되기 때문에, 장기적으로 인류는 생존수준을 조금 상회하는 수준의 식량을 확보했었다. 더욱이 자연적 이유 또는 병충해로 작황이 안 좋을 때면, 인류는 식량부족으로 고통을 당했다. 정도의 차이가 있었지만, 19세기 후반까지 식량부족은 장소와 무관하게 인류에게 큰 난제였다.

인류가 고착 질소를 대량으로 확보할 수 없는 것이 식량부족의 원인 중 하나였다. 고착화된 질소가 식물의 생육에 필수적이지만 자연상태에서는 쉽게 생성되지 않는다. 질소가 공기의 78%를 차지하지만, 공기 중 질소 원자는 질소 원자하고만 결합하여 고착되지 않기 때문이다. 인류는 공기 중 질소를 고착시키는 박테리아가 기생하기 좋은 콩과 식물을 재배하거나 고정화된 질소를 포함한 거름을 만들어 식물에 공급하였다. 또한 동물의 사체 또는 배설물이 굳어진 초석(硝石)을 비료로 활용하였다. 하지만 천연비료를 통하여 공급되는 고착 질소의 양은 항상 부족했다. 인류에게 식량은 풍족하지 않았다.

1909년 독일 카스루에대학University of Karlsruhe 물리화학과에 근무하던 하버 Fritz Haber 교수가 암모니아를 만드는 기법을 개발하였는데, 이는 두 번째 농업혁명의 시작이었다. 하버 교수는 질소 기체와 수소를 고온·고압 상태에서 오스뮴osmium관을 통과시킴으로써 암모니아를 만들었다. 암모니아가 NH3로 구성되어 있다는 사실은 오래전에 알려졌지만, 하버 교수는 질소와 수소를 인위적으로 결합시키는 기법을 선보였다. 독일 화학회사 BASF에 근무하던 보슈Carl Bosch는 비싼 오스뮴을 대신하여 촉매활동을 돕는 화학물질 K2O, CaO, SiO2, Al2O3을 입힌 강철관을 사용하여 암모니아를 상업적으로 생산할 수 있는 길을 열었다. 암모니아, 인산P2O5, 칼륨potassium을 쉽게 생성하고 이를 결합하여 화학비료를 만들면서 제2 농업혁명이 시작될 수 있었다.

화학비료의 등장으로 인류의 농업생산능력이 급격히 증가하였다. 화학비료는 작물의 생육을 도울 뿐만 아니라 병충해를 견디는 면역력도 증가시킴으로써 단위면적당 농업생산이 늘어났다. 1930년대 미국과 서유럽에서 화학비료가 농업에 본격적으로 사용되기 시작하였다. 더 나아가 병충해를 방지하는 농약이 1950년대 중반 본격적으로 보급되면서, 농업생산이 또 한번 비약적으로 증가하였다. 농약 사용으로 밀식재배가 가능해짐에 따라, 단위면적당 생산량이 급등하였다. 북미와 서유럽에서는 식량부족이 해결되었다.

식량부족을 해결할 수 있는 정보와 기술을 공유하는 것은 당위일지 몰라도 현실세계에는 이해갈등을 초래한다. 정보와 기술을 가진 행위자는 이를 활용하여 경제적 이득을 취하려 하고, 정보와 기술을 가지지 못한 행위자는 도덕적 당위에 호소하면서 경제적 비용을 최소로 지불하고 이를 활용하고자 한다. 2차 대전 중 전시 동맹관계가 양자 간 이해충돌을 완화시켰다. 2차 대전 중 독일, 일본, 이탈리아와 적대관계를 가진 국가들은 1941년 1월부터 스스로를 유엔United Nations이라고 부르면서 사실상 전시 동맹관계를 유지하였다. 전시 동맹국 사이 유대관계의 필요성이 경제적 이해충돌을 압도하면서, 식량과 농업 분야에서 협력을 위한 장으로서 식량농업기구Food and Agricultural Organization 창설에 합의하게 되었다.

식량 불균형
북미와 서유럽에서 시작된 제2 농업혁명으로 북미와 서유럽에서는 식량이 남아돌게 되었다. 오세아니아, 남미 일부 국가도 시간차를 두고 제2 농업혁명을 거치면서 식량부족이 해결되었다. 반면, 제2 농업혁명에 필요한 자원을 생산하거나 구입하지 못하는 아시아와 아프리카는 만성적 식량부족에서 벗어나지 못하였다. 식량증산의 효과가 있었지만, 인구증가의 압박이 식량증산의 효과를 상쇄하였다. 식량이 남아도는 지역과 식량이 부족한 지역이 병존하는 현상이 나타났다. 식량불균형의 불편함이 제2 농업혁명과 거의 동시에 나타났다.

식량과잉국은 두 가지 상충적 임무를 동시에 수행해야만 했다. 국내적으로 식량가격의 폭락을 막기 위한 인위적 개입을 해야만 했다. 경작지 포기에 대한 보조금 지급, 대체 작물 재배로 유도하는 유인책 제공, 가격 보조금 지급 등 농민을 보호하는 정책을 실시했다. 또한, 시장에서 구매력이 없는 취약계층을 위하여 농작물로 직접 지원하는 정책도 실시했다. 식량생산을 유지하면서, 국내자원을 재분배하는 보조금 정책으로 가격폭락을 막으려 하였다. 반면, 과잉된 식량을 국외적으로 밀어내면서 동시에 식량수원국의 식량생산을 왜곡하지 않는 출구를 찾아야 했다. 식량수원국은 식량과잉국이 시장가격으로 식량을 구매할 능력이 없는 상태이기 때문에, 식량과잉국은 국제시장가격보다 낮게 또는 무상으로 식량을 제공했다. 식량수원국으로 싸게 또는 무상으로 유입된 식량이 식량수원국의 식량가격을 떨어뜨리는 효과를 가질 수밖에 없었고, 이는 궁극적으로 식량수원국의 농민들이 식량을 생산하려는 의지를 약화시키는 부정적 효과를 초래하였다. 따라서 식량과잉국은 식량수원국에서 학교급식, 긴급구호 등 시장의 동학이 적용하지 않는 부분으로 식량을 보내는 길을 찾아야만 했다.

잉여식량의 처분을 둘러싸고 식량과잉국과 식량수원국이 상충하는 이해를 가지는 상황에서 세계식량계획World Food Programme: WFP이 탄생하였다. 외형상으로는 세계식량계획은 식량과잉국과 식량수원국의 이익을 모두 반영한다. 세계식량계획의 결정과정에 식량과잉국은 물론 식량수원국이 모두 포함되어 잉여식량의 처분을 공동으로 결정한다. 또한, 잉여식량이 인도적 구호에 사용되도록 제한함으로써 식량수원국의 이해를 최소로 침해할 수 있도록 구상되었다. 하지만 실제적으로는 식량공여국이 식량수원국을 결정하고 양자 간 특별협정을 맺음으로써, 식량공여국의 이해에 맞추어 잉여식량이 처분되고 있다. 특히 최대 식량과잉국인 미국이 잉여식량의 흐름을 사실상 통제하기 때문에, 세계식량계획은 미국의 막후 조정에 의하여 큰 영향을 받게 되었다.

환경 문제

초국경 환경오염은 부정적 외부효과이다. 즉, 환경오염을 유발하는 국가는 환경오염으로 인한 피해를 자국 안에서 100% 감수하지 않고, 타국으로 분산 배출한다. 환경오염의 유입국은 환경오염 유발국이 일으킨 피해를 받게 된다. 초국경 환경오염이 본격적으로 국제사회의 관심을 받게 된 계기는 서유럽의 산성비 문제였다. 영국 공업지대에서 동력을 얻기 위하여 화석연료를 연소하는 과정에서 발생한 아황산가스가 스칸디나비아 반도에 피해를 준다는 사실이 1950년대 밝혀지면서, 국제사회는 본격적으로 초국경 환경오염 문제에 관심을 가지게 되었다.

초국경 환경오염은 주권국가로 이루어진 국제사회의 작동원리와 부합하지 않는다. 주권 국가는 자국 영토 위에서 발생하는 모든 현상에 대한 배타적 관할권을 주장하는데, 초국경 환경오염의 근원이 환경오염 피해국의 관할권 밖에 있기 때문이다. 초국경 환경오염의 피해국이 환경오염의 유발국에게 보상 또는 시정조치를 요구해도, 초국경 환경오염 유발국의 행동을 규제할 수 있는 구체적 수단이 주권국가로 이루어진 국제사회에서 존재하지 않는다. 초국경 환경오염은 주권의 논리와 병립할 수 없다.

  환경오염을 해결하는 노력도 주권국가로 이루어진 국제사회에서 쉽지 않다. 여러 국가가 환경오염의 피해를 동시에 겪을 때, 환경협력의 당위가 있지만 무임승차의 유혹 때문에 환경협력이 실제 이루어지지 않을 수 있다. 환경오염을 해결하기 위한 비용을 참여자만 부담하지만 환경오염의 해결로 인한 혜택이 불참자에게도 돌아가기 때문이다. 주권보다 더 높은 권위체가 존재하지 않는 국제사회에서 무임승차를 막을 수 있는 효과적 방법이 없다. 환경오염의 피해가 특정 국가에게로 집중되지 않는 한, 개별국가가 환경오염을 해결하기 위하여 나서지 않게 된다.

  국제공유자산인 환경을 보존하는 것도 주권국가로 이루어진 국제사회에서 쉽지 않다. 공해에 있는 자원과 같은 공유재에 대한 소비를 막을 수 없기 때문에, 공유재는 선점한 국가에게 돌아간다. 하지만 선점을 둘러싼 갈등이 주권의 논리로 쉽게 해결되지 않는다. 또한 과학기술의 발달로 재생속도보다 빠르게 자원을 남획할 위험이 이미 나타났다. 재생가능한 자원도 사라질 위험에 처하면서 환경 보존이 국제사회의 도전이 되었다. 하지만 주권국가의 행동을 구체적으로 규제할 수 있는 여건이 국제사회에 마련되어 있지 않다. 환경보존이 당위지만, 환경파괴를 막을 수 있는 구체적 장치가 없는 불편한 상황이다.

  유엔환경계획United Nations Environment Programme: UNEP 은 환경 문제에 관한 정보를 회원국이 공유하고, 문제해결을 모색하는 장으로서 역할을 수행하고 있다. 환경 문제에 관하여 주권국가의 행동을 직접적으로 규제할 수 없는 상황에서 유엔환경계획은 환경 문제의 인과관계를 과학적으로 밝히고, 환경 문제를 해결할 수 있는 공동연구를 기획하고, 주권국가들이 모여 합의를 도출할 수 있도록 돕는다. 또한, 선진국과 개발도상국 간 환경 문제를 둘러싼 갈등을 상호 조율할 수 있는 기회를 제공한다.

이 책은 국제사회가 식량부족, 식량불균형, 환경 문제를 해결하는 과정에서 식량농업기구, 세계식량계획, 유엔환경계획을 형성하게 되는 과정, 세 국제기구의 활동과 역할 변화, 내부 의사결정과정, 내부 정치적 갈등 등을 국제정치학의 시각에서 검토한다. 이 책의 공동저자들은 인류 공동의 문제를 국제기구를 통하여 해결하는 과정을 연구하는 중견 학자로서 비슷한 문제의식을 공유한다. 공동저자들은 세 쟁점을 각각 다루었지만, 동일한 목차를 공유할 만큼 사전 조율의 과정을 거쳤다. 이 책은 세 학자의 연구성과를 묶었지만 공동연구에 근접할 만큼 집단 저작의 성격을 가진다.

이 책이 만들어지는 과정에서 많은 이들의 도움을 받았다. 유네스코 아시아태평양 국제이해교육원APCEIU이 주무기관으로서 행정적 지원을 아끼지 않았다. 정우탁 원장과 김도희 박사는 연구진이 집필방향을 잡는 데 큰 도움을 주었고, 게으른 필자들에게 집필을 하도록 적절한 자극을 주었다. 이미지 조교는 편집을 도와 집필속도를 높이는 데 도움을 주었다. 또한, 국제기구 총서에 참여한 다른 연구진의 조언이 연구의 완성도를 높이는 데 큰 기여를 하였다. 박흥순 교수님, 최동주 교수님, 조한승 교수님은 연구진의 활동을 총서의 목적에 맞추도록 막후 조율자의 역할을 담당하셨고, 일일이 이름을 거명하기 어려울 정도로 많은 연구자들이 부끄러운 초고를 발전시킬 수 있는 영감을 주셨다.

이 책을 통하여 많은 젊은이들이 식량 문제와 환경 문제의 실상을 이해하고, 이 문제를 해결하는 과정에 참여할 수 있기를 희망한다. 당위를 주장하기보다는 당위를 실현하는 작은 지혜를 이 책에서 찾기 바란다.

공동저자 대표 조동준

차례

유엔 식량농업기구(FAO):
거대 국제기구의 진화 전략 ・ *17*   김준석

부록

제**1**장

유엔 식량농업기구(FAO):
거대 국제기구의 진화 전략

김준석

I. 서론

전지구적으로 식량부족 문제가 첨예한 관심사가 되고 있다. 이는 기본적으로 식량에 대한 수요는 계속 증가하는 데 비해 공급은 계속 감소하는 추세에 있고, 이에 따라 생산비용과 판매가격이 상승하는 데 따른 것이다. 반기문 유엔사무총장은 세계 식량생산 규모는 점증하는 수요를 충족시키기 위해 2030년까지 약 50% 정도 증가해야 한다고 밝힌 바 있다.

식량부족이 이토록 심각한 문제가 된 데에는 크게 다음의 네 가지 이유가 있다.[1] 먼저 전 세계 인구의 증가를 들 수 있다. 현재 67억 명인 세계 인구는 2047년이면 90억 명에 이를 것으로 예측될 정도로 가파른 증가세를 보이고 있다. 둘째, 바이오 연료의 개발로 인해 곡물을 식량으로 사용하지 않고 연료로 사용하는 비율이 계속 증가하는 현상도 식량부족을 부추기고 있다. 셋째, 이는 특히 동아시아에서 두드러진 현상인데, 이 지역을 중심으로 식생활의 서구화로 육류 소비가 늘어나면서 가축 사육에 많은 곡물이 사용됨으

---

1) 이하의 식량부족현상에 대한 내용은 빌프리트 봄머트(Wilfred Bommert), 『식량은 왜 사라지는가: 배부른 세계의 종말 그리고 식량의 미래(*Kein Brot für die Welt: Die Zukunft der Welternährung*)』, 전은경 옮김(서울: 알마, 2011)의 내용을 발췌, 요약한 것임.

로써 식량부족 문제를 악화시키고 있다. 넷째, 계속되는 도시화로 인해 식량 재배를 위한 가용 농지가 줄어들고 있다. 여기에 더해서 농산품 시장에서의 투기 행위 역시 식량부족 현상을 부채질하고 있다.

최근에는 일부 과학자들에 의해 기후변화가 식량위기의 근본적인 원인으로 지목되고 있다. 이들 과학자들은 특히 미국에서 발생한 대규모 홍수, 호주의 심각한 가뭄, 유럽과 러시아의 무더위 등의 이상기후 현상을 촉발한 요인으로 지구온난화를 꼽는다. 기온의 상승은 많은 지역에서 농산물 생산량의 감소를 가져오고, 이는 다시 식량가격 상승을 부추길 것이다. 예컨대 과학자들은 21세기에 아시아 지역에서 쌀 생산량이 급감할 가능성과 아프리카, 특히 사하라 이남 지역에서 옥수수 재배가 불가능해지는 상황이 도래할 가능성에 대해서 이야기하고 있다. 사실 지난 약 20여 년 동안 과학자들은 기후변화가 농업생산에 미치는 영향이 그리 크지 않을 것으로 예측해 왔다. 최악의 경우에도 2080년 무렵에야 식량가격이 두 배 정도 상승할 정도의 여파를 끼칠 것으로 보았다. 하지만 이제 이러한 예측이 지나친 낙관론이라는 지적이 제기되고 있다.

이러한 결과 20세기 후반을 특징지었던 농업 생산의 급속한 증가는 이제 과거의 일이 되었고, 생산이 소비 수준을 따라가지 못하는 상황이 자주 벌어지고 있다. 예컨대 인간이 소비하는 칼로리의 상당 부분을 책임지는 4대 곡물이라 일컬어지는 밀, 쌀, 옥수수, 콩의 소비가 생산을 추월했고, 한때 상당한 규모로 유지되던 이들 곡물의 비축분이 빠르게 감소하고 있다. 수요와 공급 사이의 이러한 불균형은 지난 2007년 곡물 가격 급상승의 원인이 되기도 했다. 곡물 가격의 상승은 다수 개발도상국의 빈곤에 시달리는 이들에게 특히 커다란 어려움을 초래하고 있다. 멕시코와 우즈베키스탄, 예멘 등 여러 국가들에서는 식량부족으로 인한 정치 불안정이 심각한 문제가 되었고, 2008년 아이티에서는 식량폭동의 와중에서 정부가 전복되기도 했다. 보다 최근에는 '아랍의 봄' 역시 식량위기가 주요한 원인이 되어 일어났다.

이와 같은 식량위기에 대처하기 위해 기후변화에 강한 새로운 작물의 개발과 이를 위한 R&D 예산의 증가가 무엇보다 요청된다. 하지만 이외에도 다음과 같은 노력들이 요청되는데, 이의 실현을 위해서는 국제적인 차원에서 국가들 간의 협력이 필요하다. 첫째, 식량가격의 급변을 일으키는 주된 요인 중 하나인 국제투기자본을 규제할 필요가 있다. 둘째, 바이오연료를 위한 작물 재배를 제한할 필요가 있다. 셋째, 개도국에서 농업생산성을 제고할 필요가 있다. 특히 중소규모의 토지를 경작하는 농민들에 대한 지원이 절실하다. 넷째, 자원이 상대적으로 부족한 국가의 정부나 투자자들이 아프리카와 여타 지역의 토지를 특정 농산물의 재배 목적으로 구매하거나 임대하는 조치는 제한되어야 한다. 이는 이들 국가의 장기적인 식량생산 능력을 잠식하는 효과를 초래하기 때문이다.[2)

이러한 대응을 위해서는 다른 무엇보다도 식량과 농업생산 분야에서 국가들 간의 국제적인 협조체제가 필수적으로 요구된다고 할 수 있는데, 이러한 협력을 위한 노력의 중심에 '유엔 식량농업기구United Nations Food and Agriculture Organization: FAO'가 있다. FAO는 기아와 식량 불안정, 영양부족 등을 극복하는 것을 가장 중요한 목표로 삼아 농업과 임업, 어업의 생산성을 제고하는 동시에 이들 산업이 보다 지속가능한 체제를 갖추도록 지원하고, 농촌의 빈곤 문제를 해결하기 위한 정책과 프로그램들을 실시하고, 자연재해로부터의 피해를 최소화하기 위한 긴급대응체제를 운용하는 것을 주 임무로 삼고 있다. 현재 전 세계적으로 이러한 목표를 추구하는 다수의 국제기구가 존재한다. FAO는 이들 국제기구 중에서도 가장 오래되고 가장 큰 규모의 국제기구이다. 특히 FAO가 오랜 기간 구축해온 식량/농업과 관련한 지식/정보 네트워크는 타의 추종을 불허한다.

다만 오랜 역사를 가진 거대국제기구로서의 FAO가 변화된 환경에 적절하게 대응하는 데 실패했다는 비판이 제기되고 있는 것도 사실이다. 이와 함께 관료조직 특유의 타성과 경직성을 노정하고 있다는 지적도 제기되고

2) Derek Headey and Shenggen Fan, *Reflections on the Global Food Crisis: How Did It Happen? How Has It Hurt? And How Can We Prevent the Next One?* (International Food Research Institute: Nabhan, 2010); Gary Paul, "Our Coming Food Crisis," *New York Times* (2013.7).

있다. 최근 FAO는 이러한 한계를 극복하고 앞으로 예상되는 식량위기 속에서 과거의 위상을 회복하기 위한 시도를 본격화하고 있다. 다음에서는 FAO의 역사, 역할, 조직 등을 중심으로 이 거대국제기구의 기본적인 특성을 개관한 후 현재 FAO가 겪고 있는 어려움과 이의 극복 시도 등에 대해서 살펴보도록 하겠다.

II. FAO의 탄생과 역사적 진화

1. FAO의 기원

FAO는 전 세계적인 차원의 식량 문제를 다루기 위한 목적으로 1945년에 창설되었다. 국제적으로 식량 문제와 농업 문제에 관한 국가들 간의 협력을 조직하고 제도화하려는 최초의 노력은 1905년 이탈리아의 로마에 'International Institute of Agriculture^{IIA}'가 설립됨으로써 첫 번째 결실을 거둔 바 있다. IIA의 설립은 미국의 데이비드 루빈^{David Lubin}의 제안을 당시 이탈리아의 국왕이 승인함으로써 가능하게 되었다고 알려져 있는데, 주된 기능은 각종 농업통계를 수집하고 정리하는 것이었다. 제2차 세계대전 이후 IIA의 자산과 자료들은 FAO로 이관되었다.

전후 FAO의 설립을 제안한 이는 미국의 프랭클린 D. 루즈벨트 대통령이다. 루즈벨트 대통령은 전쟁이 미처 끝나기도 전인 1943년에 식량과 농업 문제에 관한 회의의 소집을 제창했고, 이에 호응하여 44개국 대표들이 미국 버지니아의 핫 스프링스^{Hot Springs}에 모여 식량과 농업 문제를 다루기 위한 상설기구의 설립을 결의했다. 미국을 비롯한 국가들이 2차 세계대전이 끝나기 한참 전부터 식량 문제를 다룰 국제기구의 설립을 추진한 것은 전쟁으로 인해 식량생산기반과 교통운송체계의 파괴로 인해 식량부족이 국제적으로 심각한 문제가 될 수 있다는 문제의식을 공유했기 때문이다. 이들 국가들은 특히 1930년대 대공황의 와중에서 식량부족으로 큰 곤경을 겪은 상황이 되풀이되어서는 안 된다고 믿었다. 핫 스프링스에서 열린 회의에서는 "식량과 농업에 있어서 결핍으로부터의 자유," 즉 "모든 이에게 안전하고 적절하고 알맞은 식량을 공급하는 것"을 목표로 하는 국제기구의 설립이 합의되었다.3) 그 결과 국제기구 설립을 위한 임시위원회가 조직되었고, 2년 반 동안의 준비 작업을 거쳐 1945년 10월 16일 캐나다 퀘벡에서 44개국 대표가 참석한 가운데 FAO의 첫 번째 회의가 개최되었다. 이 회의에서 '식량과 농업에 관한 유엔임시위원회'가 초안한 'FAO 헌장'이 채택됨으로써 FAO가 공식적으로 설립되었다.

이 FAO 헌장에서는 "인류의 생활 및 영양 수준 개선", "식량 생산 및 분배 효율성 개선", "농촌 주민의 생활수준 향상", "세계 경제발전과 인류 기아퇴치에 기여" 등이 주요 목표로 제시되었다. 이 회의에서는 15개국 대표들로 구성되는 집행위원회 역시 선출되었고, 정식 소재지가 결정되기 이전까지 미국의 워싱턴 DC를 기구의 임시 소재지로 결정하였다. 애초의 의도는 유엔 경제사회이사회ECOSOC의 소재지에 본부를 설립하는 것이었지만, 결국 경제사회이사회의 소재지는 스위스의 제네바로, FAO 본부의 최종 소재지는 이탈리아의 로마로 결정되었다. 로마로의 본부 이전은 1951년에 이루어졌다. 1946년에는 유엔과의 제휴협정이 채택되고 유엔총회가 이를 인준하였다. FAO의 초대사무총장에는 존 보이드 오어John Boyd Orr 경이 선출되었다. 오어 경은 '영양학nutrition science' 전문가였는데, 이는 설립 초기의 FAO가 이 새로운 학문분야로부터 많은 영향을 받았음을 의미한다.4)

3) FAO, "United Nations Conference on Food and Agriculture, Hot Springs, Virginia, May 18-June 5, 1943," *Final Act and Section Reports* (Washington, DC: United States Government Printing Office, 1943); D. John Shaw, *Global and Agricultural Institutions* (London & New York: Routledge, 2009), p.54에서 재인용.
4) Shaw(2009), pp.54-55.

2. FAO의 역사적 진화

1) 성장기: 1945년~1970년

1945년 설립된 이후 1970년까지 약 25년은 전쟁의 여파와 아프리카와 아시아 등지에서 다수의 신생 독립국의 등장 등의 요인으로 인해 전 세계적으로 기아와 식량부족 현상이 빈번하게 발생한 시기이다. 이 시기 동안 FAO는 식량과 농업 문제에 관한 세계 유일의 국제기구로서 식량 생산 증대를 통한 식량보급의 안전성을 확보하는 데 있어서 중추적이고도 선도적인 역할을 담당했다. 1945년 제2차 세계대전이 종식된 이후 세계는 심각한 식량부족 현상에 직면했다. 전쟁 기간 동안 식량생산능력과 운송체계가 심각한 손상을 입었기 때문이다. 따라서 FAO의 가장 중요한 임무는 농업종사자들에 대한 기본교육을 강화하고 이들에게 필요한 기술과 자원을 제공함으로써 농업생산을 증가시키는 한편, 전쟁으로 피해를 입은 지역의 농업생산력을 복구시키는 데 맞추어졌다. 다른 한편, 이 시기 FAO는 커피, 코코아, 밀, 사탕수수, 올리브오일 등 상품작물재배를 주력 산업으로 하는 신생국들이 국제시장에서 선진국들의 거대 기업에 의해 불공정한 대우를 받지 않도록 하는 것을 목적으로 하는 국제협약의 체결을 주도하기도 했다. 그밖에도 FAO는 식량생산을 획기적으로 증가시킨 이른바 '녹색혁명Green Revolution'을 적극적으로 지원했다. 이 시기에 FAO는 또한 '세계식량프로그램World Food Programme: WFP'의 창설과정을 주도하기도 했다.

이러한 활동을 벌이는 과정에서 FAO의 조직과 인적·물적 자원은 크게 성장했다. 설립 직후에는 주로 전 세계 식량 생산 현황에 대한 연구 보고서를 작성하고 발간하는 데 주력했던 FAO는 1951년에는 2,000명이 넘는 전문가들을 동원하여 35개국에서 100여 개에 이르는 사업을 수행할 정도로 성장했다. 1959년 무렵이 되면 1,700여 명의 전문가들이 FAO 사업에 참여할 정도가 되었고, 1,600명이 연구 장학금을 지원받고, 100여 개의 교육센터가 설립되었다. FAO의 이와 같은 비약적인 성장은 1950년에 출범한 '유엔 확대기술원조계획UN Expanded Program of Technical Assistance'과 1959년에 발족한 '유엔 특별기금 UN Special Fund,' 1966년 이후에는 이 두 기관이 통합하여 발족한 '유엔개발계획 UN Development Program: UNDP'의 지원에 힘입은 바 컸다. 1956~57년의 경우 FAO의 정규예산 외 수입의 95% 정도가 EPTA에서 지원 되었다. 따라서 1976년에 UNDP가 국제기구와 기관에 대한 지원을 중단하고 대신 특정 프로그램에 대한 지원과 국가별 사업에 대한 지원에 집중한다는 결정을 내렸을 때 FAO는 가장 큰 타격을 입은 기구 중 하나였다.[5]

2) 위기의 도래: 1970~1980년

1970년대 들어 FAO는 여러 대내외적인 위기에 직면했다. 특히 FAO는 1973년 식량가격 급등과 1972년과 1973년에 방글라데시를 덮친 심각한 기근에 적절히 대처하는데 실패했다는 비판을 받으면서 그 국제적인 평판에 금이 가기 시작했다. 이에 FAO의 대안을 찾으려는 움직임이 본격화되기 시작했다. 가장 대표적으로 1974년 로마에서 '세계식량회의 World Food Conference'가 개최되었는데, 이 회의에서 식량 문제에 대한 보다 원활한 대처를 위해 '국제농업개발기금 International Fund for Agricultural Development: IFAD'과 '세계 식량이사회 World Food Council'의 설립이 결정되었다. IFAD는 농촌지역개발과 영세농들을 지원하기 위한 목적으로 설립되었고, '세계식량이사회'는 식량/농업 분야의 다양한 기구와 단체들의 협력을 조율하기 위한 정책 포럼으로 기획되었다. FAO의 입장에서 충격적인 사실은 이 '세계식량회의'가 FAO의 소재지인 로마에서 개최되었음에도 불구하고 FAO 본부가 아닌 시의 다른 지역에서 회의를 열었고, FAO 대신 유엔이 직접 회의를 주관했다는 것이다. 이는 FAO의 능력과 효율성에 대한 유엔을 비롯한 국제사회의 불신이 극에 달했음을 보여준 '일대 사건'이었다. 그 밖에도 1971년에는 '국제농업 연구연합기구 Consultative Group on International Agricultural Research: CGIAR'가 설치되어 FAO는 이전의 연구기능을 더 이상 수행할 수 없게 되었다.[6]

---

5) FAO, *Challenge of Renewal: An Independent External Evaluation of the Food and Agricultural Organization* (2007), pp.79-80.

다른 한편, 국제적으로 식량/농업 문제의 초점은 충분한 식량의 확보에서 식량에의 접근성 향상의 필요성으로 이동했다. 이는 전 세계 인구가 소비하기에 충분한 양의 식량이 생산되게 되었지만 모든 이들이 그러한 생산량 증대의 혜택을 누리지는 못하는 상황이 지속되었기 때문이다. 따라서 식량의 효율적인 분배와 이를 통한 기아 문제의 시급한 해결을 요하는 과제로 부상했다. 특히 IFAD의 설립에서 나타났듯이 이 시기 농촌개발과 빈곤의 감소, 그리고 영세농에 대한 지원 등의 문제가 '세계은행 World Bank', '유엔무역개발협의회 United Nations Council on Trade and Development,' CGIAR 등 각종 국제기구의 주요 관심사가 되었다. 유사한 기능을 수행하는 여러 국제기구들과 경쟁해야 하는 처지에 놓이게 되었지만 FAO는 이와 관련하여 여러 가지 사업을 수행했다.

가장 대표적으로 FAO는 1975년 '글로벌정보 및 조기경보시스템 Global Information and Early Warning System: GIEWS'을 출범시켰다. GIEWS는 전 세계 식량의 수요/공급 상황을 지속적으로 점검하고 식량상황에 관한 보고서를 발행하며, 특정 국가에서 식량위기의 발생이 임박한 경우 조기에 이를 경고하는 것을 주 임무로 하고 있다. FAO는 또한 1979년에 '농업개혁과 농촌개발에 관한 세계회의 World Conference on Agricultural Reform and Rural Development'에 관한 국제회의를 개최했고, 같은 해에는 매년 10월 16일을 '세계식량의 날 World Food Day'로 제정하여 식량/농업 문제에 대한 국제적인 관심과 경각심을 환기하려 시도하기도 했다.[7]

3) 새로운 도전과 이에 대한 대응: 1980년 이후 현재까지

1980년대는 전 세계적으로 다수의 국제기구에 대한 불신이 극에 달한 시기이다. 특히 국제기구 재정의 상당 부분을 책임져 왔던 미국을 비롯한 강대국들이 국제기구를 통한 다자주의적 접근보다는 양자주의적 접근을 우선

---

6) Shaw(2009), pp.95-97.
7) FAO(2007), pp.82-83.

시하는 방향으로 정책을 선회했다. 미국과 영국은 유네스코로부터의 탈퇴를 결정했고, 유엔을 비롯한 각종 국제기구에 대한 재정적 기여 역시 축소하기 시작했다. 다른 주요 선진국들도 국제기구의 비효율성에 대한 항의의 표시로 재정적 기여를 줄여나갔다. 이와 함께 냉전의 종식과 함께 미국과 소련 사이의 체제 경쟁이 중단되면서 전 세계 ODA 규모도 크게 감소했다. 1992년과 1997년 사이에 전 세계 ODA 총액은 약 25퍼센트가량 감소했고, 2006년이 되어서야 1994년 수준을 회복하는 데 성공했다. 이러한 결과 많은 국제기구들이 심각한 재정적 압박에 직면했는데, FAO는 이러한 변화의 충격을 가장 크게 받은 국제기구들 중 하나였다. 앞서 지적했듯이 FAO는 이미 특정사업과 국가별 사업에 지원을 집중한다는 1976년 UNDP 결정으로 정규예산 외 수입의 심각한 격감을 경험한 상황이었다.

재정적 압박과 함께 FAO가 겪는 어려움은 유사한 업무를 수행하는 국제기구들과의 치열한 경쟁으로 인해 더욱 가중되었다. 앞서 지적했듯이 FAO는 이미 1970년대에 그 비효율성으로 인해 심각한 비판의 대상이 된 바 있다. 부분적으로 바로 그러한 이유에서 1970년대 동안 식량/농업 문제를 다루는 상당수의 국제기구들이 설립되었다. 여기에 더해서 1990년대 이후에는 국제개발협력 분야에 종사하는 국제기구들과 각종 프로그램들이 크게 증가했다. 2007년 무렵이 되면 이러한 개발협력 기관들과 단체들의 수는 무려 280여 개를 상회하게 된다. 이들 기관들과 단체들은 서로의 업무와 정책을 긴밀히 조율할 수 있도록 체계적으로 역할을 분담하는 대신, 서로 중복되는 기능과 역할을 수행하면서 제한적인 재원의 확보를 위해 치열하게 경쟁하기 시작했다. 식량/농업과 관련된 국제개발협력 분야에서 독보적인 위치를 차지했던 FAO의 위상은 이제 먼 옛날의 일이 되었고, 수많은 국제기구, 기관들과 경쟁적인 공존을 모색해야 하는 시도가 도래했다.

특히 국제개발협력 분야에서는 민간기구와 민간단체들이 상당한 비중을 차지하게 되었다. 이에 따라 정부 주도의 식량/농촌 개발 계획을 주로 지원해온 FAO의 위상은 상대적으로 축소될 수밖에 없게 되었다. 선진국의 개도국에 대한 개발협력지원에서 공적기금과 민간기금이 차지하는 상대적인 비중 역시 큰 변화를 겪었다. 예를 들면 미국의 개도국에 대한 개발협력지원에서 공적기금은 150억 달러에서 1990년대 510억 달러로 증가한 반면, 같은 기간 민간기금의 규모는 370억 달러에서 1,850억 달러로 증가했다. 전체 개발협력기금 중 민간부문이 차지하는 비중이 크게 증가한 것이다. 그런데 민간기금의 경우 공적기금과는 달리 지역과 분야를 특정하여 집중적으로 지원되는 경우가 많고, 지원 기간도 단기간에 그치는 것이 대부분이다. 이는 오랜 기간에 걸친 대규모 개발협력 사업에 주력해온 FAO의 위상과 영향력을 더욱 제한적으로 만들었다. 최근 식량/농업 분야의 첨단기술개발이 주로 민간 기업이나 민간 연구소에서 이루어지고 있다는 사실도 FAO 위상에 불리한 요인으로 작용하고 있다. FAO와 민간부문과의 연계가 그리 긴밀하지 못하기 때문이다. 결과적으로 최신의 개량종자와 비료, 사료, 농기계 등을 필요로 하는 아프리카나 아시아의 개도국 영세농들의 이들 품목에 대한 접근성이 크게 떨어지는 현상이 나타나고 있다.

보다 근본적인 차원에서는 농업에 대한 관심의 감소, 식량/농업의 중요성 감소가 FAO의 역할과 영향력 축소에 결정적인 요인으로 작용했다. 예컨대 1990년대 이후 전체 ODA에서 식량증산과 농촌개발에 대한 지원이 차지하는 비중은 지속적으로 감소한 반면, 교육, 건강 등 사회적 개발에 대한 지원의 비중은 크게 증가하는 추세에 있다. 냉전 종식 이후 세계 여러 지역에서 발발한 내전과 지역분쟁 역시 FAO의 영향력 축소에 기여했다. 분쟁의 여파로 긴급한 인도적 지원을 필요로 하는 기아, 난민 문제에 대한 대처가 개발협력에서 우선순위를 차지하게 되었기 때문이다. FAO는 갈수록 줄어드는 자신의 영향력을 회복하기 위해 1990년대 이후 여러 차례에 걸친 기구 개혁을 시도하고 식량/농업 문제에서 주도권을 장악하려는 노력을 기울여왔다. 식량과 기아 문제에 대한 세계 각국의 공동 대처를 촉진하는 것을 목표로 하여 1996년과 2002년, 2009년에 '세계식량정상회의World Food Summit'를 개최한 것은 이러한 시도와 노력의 일환으로 간주될 수 있다.[8]

---

8) FAO(2007), pp.85-89.

현재 FAO는 새로운 과제에 직면해 있다. 이는 서론에서 지적했듯이 최근 들어 국제식량 수급 상황과 관련하여 다시금 커다란 격변이 일어나고 있기 때문이다. 식량 생산이 지속적으로 증가하고 생산량이 소비량을 꾸준히 웃돌았던 지난 30여 년간의 추세가 역전되어 식량재고량이 갈수록 줄어들고 있고 이에 따라 식량부족 문제에 대한 우려가 커지고 있다. 2008년에 발생한 식량가격급등 현상은 식량 문제에 관한 국제사회의 인식에서 하나의 중대한 전환점이 될 것으로 보인다. 앞서 언급한 1973년의 식량가격 급등현상의 경우에는 얼마 지나지 않아 식량 가격이 안정세로 돌아서면서 그 여파가 제한되었다. 하지만 2008년 가격급등의 경우에는 이후 식량 가격이 지속적인 오름세를 보이고 있다. 식량재고는 갈수록 줄어들고 있고, 전 세계 국가들은 식량생산에 대한 투자를 늘려 식량자급을 이루기 위한 노력을 본격화하고 있다. '제2의 녹색혁명'이 필요하다는 목소리도 높아지고 있다. 식량에 대한 투기food speculation도 크게 증가하고 있다. 2005~10년에 전 세계적으로 식량 투기의 규모는 650억 달러에서 1,260억 달러로 두 배가량 증가했다. 반면, 바이오연료에 대한 수요 증가로 인해 식량 가격에 대한 압박이 거세지고 있다. 기후변화와 물부족 현상의 심화로 인해 과거와 같은 식량생산의 급격한 증대는 결코 쉽지 않다는 우려도 높아지고 있다. 세계 인구가 2050년까지 약 90억 명 수준으로 증가할 것으로 예상되는 등 인구증가의 압박이 계속되고 있고, 중국을 비롯한 개발도상국에서 육류소비에 대한 수요가 크게 증가한 것도 식량부족을 초래하는 중요한 요인이 되고 있다.

이러한 상황에서 FAO는 농업에 대한 대대적인 투자를 통한 식량생산의 증대를 가장 중요한 정책 과제로 추진해야 한다는 압력에 직면하고 있다. 이미 CGIAR의 경우 생산성 증대 기술과 방안의 개발과 강구가 전 세계적으로 주요한 관심사가 되면서 그 예산이 큰 폭으로 증가했다. 록펠러 재단, 게이츠 재단 등에서는 '아프리카 녹색혁명A Green Revolution in Africa: AGRA' 프로그램을 후원하고 있다. FAO의 입장에서는 1950년대와 1960년대의 정책 과제가 다시금 중요성을 부여받고 있는 상황이라 할 수 있다. 다른 한편, 식량의 효율적인 분배를 통한 기아와 빈곤 문제의 해결 역시 FAO가 해결해야 할 중요한 과제로 남아 있다. 전 세계적으로 극단적인 빈곤에 시달리는 이들의 수는 상당히 감소한 반면, 기아 상태에 처한 이들의 수는 10억 명 수준에서 고착된 채 별다른 변화의 조짐을 보이지 못하고 있다. 결국 오늘날 FAO는 전반적인 위상과 영향력이 지속적으로 줄어드는 상황에서 식량생산의 증대와 분배체계의 효율성 향상을 통한 기아 문제의 해결이라는 이중의 과제를 동시에 추구해야 할 필요성에 직면해 있다고 할 수 있다.[9]

III. FAO의 활동과 조직

1. FAO의 임무와 활동

1) 설립취지와 역할

'FAO 헌장FAO Constitution'의 전문에서는 FAO의 설립취지와 역할을 다음과 같이 정의한다. 먼저 FAO의 설립 취지는 다음과 같다:

① 전 세계 인구의 영양 수준과 생활수준을 증진한다;
② 식량과 농업생산물의 생산과 분배의 효율성을 향상한다;
③ 농촌인구의 삶의 질을 제고한다;
④ 세계경제의 성장과 인류의 기아로부터의 해방에 기여한다.

헌장에서는 이러한 목표를 달성하기 위해 FAO는 "영양과 식량, 농업과

---

9) Alain Janvry, Gustavo Dordillo & Elisabeth Sadoulet, *FAO: Ever more necessary but ever more challenging to manage* (Foundation pour les etudes et recherches sur le development international, 2012), pp.3-4.

관련한 정보를 수집, 분석, 해석, 확산"하는 역할을 담당한다고 규정하고 있다. 보다 구체적으로 FAO가 수행할 것으로 기대되는 역할은 다음의 여섯 가지로 분류된다:

① 영양과 식량, 농업과 관련한 과학적·기술적·사회적·경제적 연구;
② 영양과 식량, 농업과 관련한 교육과 행정체계의 질의 향상, 영양과 농업에 관한 과학적, 실제적 지식의 전파;
③ 자연자원의 보존과 향상된 농업생산방식의 채택을 장려;
④ 식량과 농업생산물의 가공, 판매, 분배 방식의 개선;
⑤ 농업에 특화된 금융서비스의 제공;
⑥ 농업생산품 협정과 관련한 국제적인 정책의 개발과 채택10)

헌장에서 제시된 FAO의 설립 취지와 역할을 오늘날까지도 큰 변화 없이 계속 이어져 오고 있다. 이는 2000년에 개최된 '유엔새천년정상회의UN Millennium Summit'에서 결의된 '새천년개발목표Millennium Development Goal'에 맞춰 FAO의 역할을 재정립하려는 목적에서 작성된 *The Strategic Framework for FAO 2000~2015*에서도 잘 확인된다. 이 보고서에서 FAO의 기본 임무는 식량 안전을 확보하고 농촌의 빈곤을 극복하고, 농업, 어업, 임업 분야에서 일관된 정책과 규제의 틀을 마련하며, 식량분배체계의 효율성을 증진하고, 자연자원을 보존하며, 농업, 어업, 임업에 관한 공공지식을 생산, 전파하는 데 있다고 규정되었다. 이를 위해 FAO는 식량과 농업에 관련된 지식을 전파하고, 유엔기구 및 비유엔기구와 적극적으로 협력하며, 식량, 농업 문제 해결에 대한 국제적인 관심을 환기하는 역할을 담당한다고 규정되었다.11)

---

10) 여기서 '농업'과 '농업생산물'에는 어업과 어업생산물, 임업과 임업생산물이 포함되는 것으로 간주된다. FAO, *Constitution of the Food and Agricultural Organization*.
11) FAO, *The Strategic Framework for Food and Agricultural Organization, 2000~2015*(1999), http://www.fao.org/docrep/x3550e/x3550e03.htm(검색일: 2014.3.2).

마지막으로, 지난 2009년 작성된 *The Strategic Framework 2010~2019*
에서는 FAO의 기본 목표를 다음의 세 가지로 정리하고 있다:

① 기아와 식량 불안정, 영양부족을 제거하고, 모든 인간이 항상 각자
   의 음식에 대한 선호에 부합하는 안전하고 영양이 풍부한 식량을
   충분히 누릴 수 있는 세계를 만든다.
② 식량생산의 증대와 향상된 농촌개발, 지속가능한 민생의 보장을 통
   해 빈곤을 없애고, 모든 이들이 경제적, 사회적 진보를 이룰 수 있
   도록 한다.
③ 현 세대와 미래 세대를 위해 토지, 물, 대기, 기후, 유전 자원 등
   자연자원을 지속가능한 방식으로 관리하고 활용한다.[12]

결국, FAO는 모든 인류의 식량 안보, 즉 모든 이가 보다 건강하고 적극적
인 삶을 위해 고품질의 식량을 지속적으로 획득할 권리를 보장하기 위한
목적으로 기아와 식량불안, 영양부족 등의 현상을 개선·제거하고, 농업과
어업, 임업의 생산성을 제고하며, 농촌의 빈곤 문제를 해결하고, 식량의 분
배, 유통 체제의 효율성을 향상시키는 것을 주요 목표로 하는 국제기구라고
할 수 있다. 이를 달성하기 위해 FAO가 활용하는 가장 중요한 수단은 지식
과 정보 네트워크의 구축이다. 즉 FAO는 지식의 "촉진자, 편집자, 생산자
facilitator, compiler and producer"로서 유용한 지식과 정보를 생산, 전파하고, 지식
과 기술을 가진 전문가들의 역량을 활용할 기회를 제공하며, 세계 각국의
전문가들이 각자의 경험과 지식을 공유할 수 있는 만남의 장을 제공함으로
써 식량안보를 비롯한 여러 목표를 달성하고자 한다.[13]

---

12) FAO, *The Strategic Framework*, 2010~2019(2009), p.16, http://www.fao.org/
    uploads/media/C2009K5864EnglishStrategicFr_1.pdf(검색일: 2014.3.19).
13) FAO(2007), p.97; FAO Official Website, http://www.fao.org/home/en/(검색일:
    2014.3.18).

2) FAO의 실제 업무와 활동

FAO는 과거부터 현재까지 방대한 업무와 활동을 수행해오고 있다. FAO의 기본업무는 다음과 같이 분류된다:

① 정책지원(회원국들의 식량/농업 정책의 수립과 입안에 대한 조언과 필요한 자료의 제공);
② 능력배양(capacity-building, 식량/농업에 관한 교육과 훈련);
③ 통계와 기본 자료의 제공(식량/농업에 관련된 각종 통계와 자료의 축적 및 제공);
④ 현장에서의 시범 활동(field level piloting);
⑤ 국제협약 지원(국제적인 차원의 법적 규제의 틀 마련 작업 지원);
⑥ 관심과 주의의 환기와 고취(advocacy, 식량/농촌 이슈에 관한 관심의 환기, '세계식량의 날' 제정과 '세계식량정상회의' 개최 등);
⑦ 긴급상황에 대한 지원과 복구지원 등으로 분류할 수 있다.14)

다음에서는 FAO가 수행해 온 여러 업무와 활동 중 대표적인 몇 가지를 선별적으로 소개한다.

(1) 식량안전을 위한 특별프로그램(Special Programme for Food Security)

이 프로그램은 식량안전과 관련하여 1994년부터 FAO가 시행해온 대표적인 주력 사업이라 할 수 있다. 이 프로그램은 이른바 '저소득-식량부족 국가들Low-Income Food-Deficit Countries'이 겪고 있는 식량 문제를 해결하기 위해 시작되었다. 프로그램은 다음과 같이 작동한다. 먼저, 이 프로그램에서는 저소득-식량부족 국가의 농업종사자들이 유형, 무형의 여러 가지 제약요인으로 인해 식량증산에 필요한 과감한 변화를 시도하지 못하고 있다고 전제한

---

14) FAO(2007), pp.99-100.

다. 다음으로 FAO에서 파견된 전문가가 시범사업을 주도한다. 이를 통해
이전과는 다른 방식을 사용하는 경우 식량과 농업생산물의 대대적인 증산이
가능하다는 사실을 입증하여 변화의 동기를 부여한다. 다음으로 FAO는 농
업종사자들이 실제로 변화를 가로막는 제약요인을 제거하거나 극복하는 과
정을 지원함으로써 증산에 필요한 변화를 유도한다.

2005년까지 약 10년 동안 총 102개 국가가 이 프로그램에 참여했으며,
이후 FAO는 각 회원국 정부가 프로그램을 주도하도록 유도하여 2011년 현
재 20개국이 각국에 특화된 식량안전 프로그램을 실행 중이다. FAO는 정책
과 프로그램 입안과 작성 과정에서 지원을 제공하고, 성과를 평가하는 등의
도움을 제공하고 있다. 알제리, 앙골라, 차드, 요르단, 멕시코, 몽골, 나이지
리아, 파키스탄 등의 회원국이 프로그램이 상당한 성공을 거둔 대표적인 국
가들이다.[15] '식량안전을 위한 특별프로그램'은 위에서 열거한 FAO의 기본
업무 중 '능력 배양'과 '현장에서의 시범 활동'에 해당된다고 할 수 있다.

(2) 식량불안전과 취약성 정보 및 매핑 시스템(Food Insecurity and Vulnerability
    Information and Mapping System: FIVIMS)

이 시스템은 1996년 '세계식량정상회의'의 결정에 따라 설립되었다. 앞서
언급한 1975년에 설립된 GIEWS를 포함하는 이 시스템은 식량부족을 겪을
위험이 있는 집단과 가구들을 식별하고, 그 원인을 찾아내는 것을 주 목표로
한다. 이 시스템에는 각국의 통계기관으로 하여금 자국민의 식량 소비와 식
량 안전에 대한 통계 프로그램으로서의 'Food Security Statistics Module
[FSSM],' 식량 소비와 소득에 관한 자료의 수집·처리·분석에 관한 통계학 교
육 프로그램으로서의 'Statistical Capacity Building[SCB]' 등이 포함된다. 이
와 유사한 성격의 프로그램으로는 1994년에 설립된 '월경 동식물 해충 및

---

15) FAO, "National Programmes for Food Security: FAO's Vision of a World without
    Hunger," www.fao.org/forestry/13263-05ad64142050c97849e5040c15d618d4.pdf
    (검색일: 2014.3.1); Shaw(2009), pp.103-104.

질병 긴급 방제 시스템Emergency Prevention System for Transboundary Animal and Plant Pests and Diseases: EMPRES'을 들 수 있는데, 이는 가축과 농작물에 위해를 가하는 해충과 질병의 국제적인 확산을 조기에 차단하는 것을 주된 목적으로 가진다.[16] 이 두 프로그램은 FAO의 기본 업무 중 '정책지원'과 '능력배양'에 해당된다고 할 수 있다.

(3) 기술협력프로그램(Technical Cooperation Programme: TCP)

회원국 정부나 NGO 등의 요청을 받아 소규모 기술 지원을 제공하는 이 프로그램은 1976년에 설립되었다. TCP는 설립 당시에는 FAO 사무총장의 정치적 입지를 강화하기 위한 수단에 불과하다는 비판을 받기도 했다. 하지만 이후 약 30여 년에 걸쳐 총 11억 달러의 예산을 투입하여 8,800개의 사업을 수행하면서 상당한 성공을 거두었다는 평가를 받고 있다. 최근에는 자원 배분의 공정성과 지원의 잦은 지체에 대한 문제 제기가 이루어지기도 했다.[17] 이 프로그램은 FAO의 기본 업무 중 '능력배양'에 해당된다.

(4) 투자센터(Investment Center: IC)

1964년 세계은행과의 협력프로그램의 일환으로 설립되었다. 이 '투자센터'는 회원국 정부가 식량/농업관련 사업에 대한 투자를 유치하려 할 때 이를 지원하는 역할을 담당한다. 회원국 정부와 공공, 민간 재정기관과 밀접하게 협력하여 투자가 원활하게 이루어지도록 보조하는 역할을 하는 것이다. 특히 IC는 회원국 정부가 투자 유치를 위한 사업계획서를 작성하는 단계에서 FAO의 축적된 지식을 동원하여 이를 지원한다.[18] 설립 이후 약 40여

---

16) Shaw(2009), pp.104-105.

17) Shaw(2009), pp.109-110.

18) FAO, "Investment Center," http://www.fao.org/investment/ourwork/en/(검색일: 2014.3.2).

년 동안 IC는 138개국에서 1,200건의 사업계획서 작성을 지원했다.[19] 이 프로그램은 FAO의 기본 업무 중 '정책지원'과 '통계와 기본 자료의 제공'에 해당된다.

(5) 식량안전, 식품안전을 위한 국제협약 및 프로그램

FAO는 식량 안전, 식품 안전을 위한 국제협약 및 프로그램을 지원하거나 운용해 왔다. 예컨대 FAO는 '국제식물보호협약International Plant Protection Convention: IPPC'을 관리, 감독하는 역할을 담당하고 있다. 이 국제협약은 식물 병해충의 국제적인 유입 및 확산을 방지하기 위한 목적으로 지난 1951년 체결되었는데, 2013년 현재까지 178개 유엔회원국이 가입했다. 보다 구체적으로 IPPC는 병해충의 유입 및 확산 문제를 다루는 데 있어서 필수불가결한 국제 표준을 설정하고 정보를 교환하며 협약의 이행을 위한 능력을 배양하는 등의 기능을 수행한다. IPPC의 사무국은 현재 로마의 FAO 본부에 위치하고 있다.

FAO는 1962년에는 소비자의 건강보호와 공정한 식품무역의 촉진을 목적으로 '세계보건기구WHO'와 공동으로 '국제식품규격위원회Codex Alimentarius Commission'를 설립했다. 이 위원회는 식품표시, 식품첨가물, 잔류농약, 조사식품 등의 일반적 규격, 개별식품규격, 위생취급규범, 제조취급규범과 분석시료채취법 등에 걸쳐 현재 약 240개의 규격을 설정했는데, 설정된 국제식품규격에 관해서는 위원회사무국에서 회원국에 대하여 수락을 권고하고, 각국에서는 각각의 국내관계법규에 비추어 수락여부를 판단하여 사무국에 통보한다. 최근 국제식품규격위원회는 생명공학의 발전의 결과 등장한 유전자변형식품GMO 등 새로운 유형의 식품, 식량의 이점과 단점을 측정할 수 있는 표준 설립에 주력하고 있다. 1999년 설립된 '생명공학으로부터 도출된 식품에 관한 정부간 태스크 포스Intergovernmental Task Force on Foods Derived from Bio-

---

19) Shaw(2009), p.108.

technology'가 이러한 역할을 담당하고 있다.[20] FAO의 이와 같은 활동은 '국제협약 지원'에 해당된다.

(6) 식량/농업관련 데이터베이스의 구축

인터넷의 발전은 FAO의 가장 중요한 임무인 식량/농업 관련 지식과 정보 확산에 혁명적인 변화를 가져왔다. FAO는 AQUASTAT라는 글로벌 정보 시스템을 구축했고, AGROSTAT, FROSTAT라는 데이터베이스를 구축하여 전세계 210여 개국에 농업, 영양, 어업, 식품, 토지 활용, 인구, 어업, 임업 등 방대한 분야에 걸친 정보를 제공하고 있다.[21]

2. 재원의 조달

FAO의 재정은 회원국들의 정규 분담금과 자발적 기여금으로 충당된다. 각 회원국에 할당되는 정규 분담금의 규모는 FAO 총회에서 2년 단위로 결정된다. 2014년~2015년 2년 동안의 FAO 예산은 24억 달러로 책정되어 있다. 이 중 41퍼센트가 정규 분담금으로 충당되고, 나머지 59퍼센트는 자발적 기여금으로 충당될 예정이다. 정규 분담금은 FAO의 정규 예산으로 할당된다. 2014~15년의 정규 예산은 1억 560만 달러이다. 자발적 기여금은 FAO가 현장에서 진행하는 각종 사업에 주로 사용되는데, 유럽연합, 미국, 이탈리아, 네덜란드, 일본, 스페인, 독일 등이 주요 기여국들이다. 〈표 1〉에서 확인할 수 있듯이 미국이 전체 정규 분담금의 22퍼센트, 일본이 10.83퍼센트를 책임지도록 되어 있다. 한국의 2014~15년 정규 분담금은 전체 분담금의 1.99퍼센트이다. 2014~15년의 자발적 분담금은 약 14억 달러에 이를 것

---

20) Codex Alimentarius Official Website, http://www.codexalimentarius.org/(검색일: 2014.3.7).
21) Shaw(2009), pp.105-107, 110-112.

순위	회원국	분담금 비율(%)
	〈표 1〉 정규 분담금 순위와 비율	
1	미국	22.00
2	일본	10.83
3	독일	7.14
4	프랑스	5.59
5	영국	5.18
6	중국	5.15
7	이탈리아	4.45
8	캐나다	2.99
9	스페인	2.97
10	브라질	2.93
11	러시아	2.44
12	호주	2.07
13	대한민국	1.99
14	멕시코	1.84
15	네덜란드	1.65
16	터키	1.33
17	스위스	1.05
18	벨기에	1.00
19	스웨덴	0.96
20	폴란드	0.92
21	사우디아라비아	0.86
22	노르웨이	0.85
23	오스트리아	0.80
24	덴마크	0.68
25	인도	0.67
	소계	88.35
	기타 다른 회원국	11.65

출처: FAO Official Website

으로 예상된다. 과거에는 정규 분담금의 비중이 압도적으로 높았지만 현재
에는 비중이 역전되어 양자 사이의 차이가 점점 더 커지고 있다.[22] 전체
예산 중 정규 분담금 대비 자발적 기여금의 비중이 계속 늘어나는 추세에
있는 것도 FAO 활동에 제약요인이 되고 있다. 자발적 기여금의 경우 용처
가 명기되는 경우가 많아 특정 분야의 단기적 사업에 재원이 집중되는 경향
을 보인다.

　재원조달과 관련하여 현재 FAO가 처한 가장 큰 문제점은 지난 1990년대

〈표 2〉　　　　　　　　　　세계식량계획의 재원(유형)

	1994~95	1996~97	1998~99	2000~02	2002~03	2004~05	2006~07	2008~09	2010~11	2012~13
순세출 (명목) (US 백만 달러)	673	650	650	650	652	749	766	903	1,001	1,006
순세출 (실질) (US 백만 달러)	673	616	591	586	586	549	527	528	533	516
인력										
전문인력 및 관리자			1,419	1,415	1,449	1,422	1,400	1,421	1,434	1,450
일반 서비스 인력			2,180	2,093	1,845	1,772	1,672	1,644	1,635	1,661
총 인력			3,599	3,508	3,294	3,194	3,072	3,065	3,069	3,111

출처: Center for Global Reform, *Time for FAO to Shift to a Higher Gear: a Report of the CGD Working Group on Food Security* (2013), p.9

22) FAO Official Website, http://www.fao.org/home/en/(검색일: 2014.2.1); Shaw
(2009), pp.68-71; Center for Global Development, *Time for FAO to Shift to a
Higher Gear: a Report of the CGD Working Group on Food Security* (2013),
http://www.cgdev.org/publication/time-fao-shift-higher-gear(검색일: 2014.3.27).

이래 FAO에 가용한 재원과 인력이 꾸준히 감소하는 추세에 있다는 점이다. 〈표 2〉에서 확인할 수 있듯이 1994년 이후 최근 2013년에 이르기까지 약 20여 년간 FAO의 순세출$^{net\ appropriation}$은 명목가치로는 증가했지만 실질가 치로는 계속 줄어들었음을 알 수 있다. 가용한 인적 자원의 경우 전문인력 과 관리자의 수는 약간 증가했지만 전문인력을 보조하는 일반 서비스 인력 은 1998~99년의 2,180명에서 2012~13년의 1,661명으로 대폭 감소했음을 알 수 있다. 일반 업무를 처리하는 인력의 규모를 최소한으로 유지하여 조 직의 비용 대비 효율성을 제고하겠다는 의지로 읽혀지지만 재정적 압박에 직면한 FAO의 고민을 엿볼 수 있다.

3. 조직 구성

FAO는 2년에 한 번씩 회원국 대표들이 주요 정책을 검토하고, 예산을 심의, 승인하는 총회$^{Conference\ of\ Member\ States}$를 개최하고 있다. 총회는 일종 의 '최고의결기관'의 역할을 담당하는데, 여기에서 3년 임기의 49개 이사국 이 선출된다. 이사국들은 이사회^{Council}를 개최하여 정책과 프로그램, 예산 의 실행을 평가하고 감독한다. 이사회는 총회가 열리지 않는 기간 동안 FAO의 임시관리기구의 역할을 수행한다. 이사회는 수 개의 위원회의 지원 을 받는데, 위원회는 FAO의 프로그램, 재정, 법률적 문제 등을 다루는 '이사 회 위원회$^{Council\ Committees}$'와 농업, 상품과 무역, 임업, 어업 등의 문제를 다 루는 '기술 위원회$^{Technical\ Committees}$'로 구분된다. 이외에도 아프리카, 아시 아·태평양 지역, 유럽, 라틴 아메리카와 캐리비안 지역, 근동 지역별로 지역 총회가 정기적으로 개최된다. 총회와 이사회, 위원회, 지역총회는 FAO의 '지배기구$^{governing\ bodies}$'로 불리는데(〈그림 1〉 참조), 2009년 총회에서는 이 들 지배기구의 임무를 ① FAO의 전반적인 정책과 규제 틀의 정의, ② '전략 프레임워크$^{Strategic\ Framework}$', '중기 계획$^{Medium-Term\ Plan}$', '업무와 예산 프로 그램$^{Work\ and\ Budget\ Programme}$'의 수립, ③ FAO의 행정에 대한 관리, 감시 역

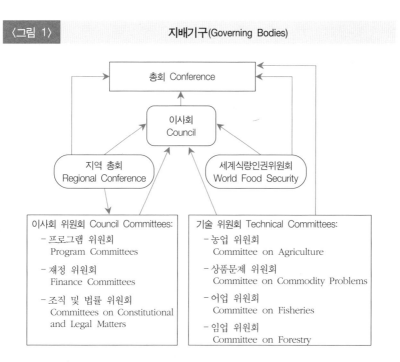

<그림 1>　　　　　　　　　　**지배기구(Governing Bodies)**

출처: FAO Official Website

할 등으로 규정한 바 있다.

　FAO 사무국의 중심에는 총회에서 4년 임기로 선출되는 사무총장이 있다. 사무총장은 1회에 한해 연임이 가능하다. 현재 FAO의 사무총장은 지난 2012년 선출된 브라질 출신의 조제 그라지아노 다 시우바José Graziano da Silva 이다. 현 사무총장 이전의 두 명의 사무총장인 레바논 출신의 에두아르 사우마Eduard Saouma와 세네갈 출신의 자크 디우프Jacques Diouf는 각각 6년 임기의 사무총장직을 18년 간 역임했다. 이후 헌장 규정을 수정하여 사무총장의 재임연한을 4년 임기에 1회 연임으로 개정하였다. 로마에 위치한 FAO 사무국은 7개 부서로 구성되어 있다(<그림 2> 참조).

　현재 FAO에는 총 194개국이 회원국으로 가입해 있다. FAO는 한국을 포

<그림 2〉   FAO 사무국 조직도

함하여 세계 130개국에 사무실을 두고 있고, 지역사무소와 연락사무소 역시 운용하고 있다. FAO는 2013년 11월 1일 현재 1,795명의 전문인력과 1,654명의 지원인력을 고용하고 있다.

4. FAO의 활동 및 조직관련 문제점의 진단과 전망

오늘날 FAO는 안팎으로부터의 거센 도전에 직면해 있다. 먼저 외부 환경의 변화에서 오는 도전이 만만치 않다. 앞서 FAO의 역사적 진화 과정을 살펴보는 가운데 이미 지적되었듯이 냉전 종식 이후 선진국들의 개발협력에 대한 관심이 감소하면서 전체적인 개발원조액수가 크게 줄어들었고, 이에 따라 식량/농업, 농촌개발 등에 사용될 수 있는 재원의 규모 역시 큰 폭으로 감소했다. 이와 같이 크게 축소된 원조액의 상당 부분은 같은 시기 세계 여러 지역에서 내전과 지역분쟁이 빈발하면서 난민 지원, 긴급구호원조 등에 투입됨으로써 식량/농업 부문에 가용한 자원의 규모는 더더욱 줄어들었다는 점도 언급될 필요가 있다.

다른 한편, 1990년대 이후 식량/농업 부문에서 FAO와 유사하거나 중복되는 역할을 수행하는 국제기구와 단체가 크게 늘어나면서 FAO의 상대적인 중요성이 대폭 감소하게 되었다는 사실 역시 FAO에 거센 도전을 제기하고 있다. 물론 이미 1960년대와 1970년대부터 WFP, IFAD 등의 식량/농업 관련 국제기구들이 설립되어 FAO와 경쟁관계를 이루기는 했다. 하지만 1990년대 이후 국제개발협력관련 기구들과 단체들이 기하급수적으로 증가함으로써 이 분야에서 FAO의 위상에 상당한 타격이 가해졌다. 이에 더하여 식량/농업 분야의 가장 앞선 기술 개발이 주로 민간 기업과 연구소 등지에서 이루어지면서 이들과의 연계에 취약한 FAO의 영향력이 상대적으로 감소했다.

다음으로 FAO는 내적인 도전에 직면해 있다. 다른 무엇보다도 거대 관료조직 특유의 타성과 비효율이 FAO의 발전을 가로막는 장애요인이자 국제적인 공신력을 떨어뜨리는 요인이 되고 있다. 특히 FAO가 지나치게 많은 부서들과 프로그램들로 세분되어 상호 간에 역할과 책임을 조율하지 못하고 있다는 지적은 상당히 오래전부터 제기되어 왔다. FAO의 구성원 각자가 자신의 업무 영역 외에 다른 부서와 프로그램에서 이루어지는 작업에 대해 무지하거나 무관심한 채 건설적인 협의와 협력을 거부하는 현상이 보편화되어 왔던 것이다. FAO가 창설된 이후 지난 70여 년 동안 너무나 많은 사업과 프로그램들을 운용해온 나머지 변화된 내외 여건에 맞추어 효율성이 떨어지는 부분들을 과감히 정리하고 조직의 역량을 특정 부분에 집중시키는 결단을 내리지 못한 점도 비판의 대상이 되고 있다.[23] 2012년에 시우바 사무총장이 취임하기 이전까지 두 명의 사무총장이 각각 18년씩, 무려 36년 동안 조직의 수장으로 재임한 사실 역시 기구의 타성과 비효율성의 문제를 악화시키는 데 상당히 일조한 것으로 보인다.

이와 같은 상황에 직면하여 지난 2007년 FAO는 '독립외부평가Independent External Evaluation: IEE'를 실시하여 위기에 처한 조직에 돌파구를 제시하고자 했다. 그 결과 매우 긴 분량의 보고서가 완성되어 제출되었는데, 이 IEE 보고서에서는 FAO의 문제점이 지난 20여 년 이상 축적되어 이제는 조직의 효율성을 심각하게 저해하는 수준에 이른 것으로 파악한다. 보고서는 특히 FAO의 과도한 관료체제가 "경직되고 위험을 회피하려하며, 수평적인 의사소통 경로를 결여한 중앙집중적인 조직문화"를 초래한 것이 위기의 근원이라고 본다.

물론 보고서는 "만약 FAO가 내일 당장 사라진다면 다시 유사한 기구를 만들어내야 할 만큼" FAO가 국제 식량/농업 문제와 관련하여 중요하고도 필수적인 역할을 수행하고 있음을 십분 인정한다. 대신 보고서는 광범위하고도 근본적인 개혁이 필요함을 역설한다. IEE 보고서는 FAO가 지금까지 강조해 오던 농촌 및 농업 개발보다는 수입확대를 위한 고용의 개발과 식량의 접근가능성 향상에 더 많은 관심과 재원을 집중할 필요가 있다고 지적했

---

23) *Time for FAO to Shift to a Higher Gear*, p.6.

다. 보고서는 또한 재원의 부족은 FAO가 직면한 문제의 근본 원인이 아니며, 오히려 위험을 감수하기를 꺼려 하는 조직문화가 기구의 발전을 저해하는 가장 중요한 원인임을 강조한다. 따라서 이러한 조직문화를 극복하고 효율성을 현저하게 제고시킬 수 있는 방안을 찾아야 한다. IEE 보고서는 또한 FAO가 많은 부담이 따르는 어려운 전략적 선택을 내릴 수 있어야 하지만 현재의 의사결정구조가 그것을 가로막고 있다고 지적한다. 이와 함께 조직의 발전 방향에 관한 큰 그림을 그리는 대신 개별 사업의 성과에만 매달리는 조직문화의 한계 역시 문제점으로 지적된다. 한마디로 IEE 보고서는 매사에 책임지지 않으려 하고, 분절화된 업무에 매몰되어 '숲'을 보지 못하는 FAO의 관료주의적 타성의 개혁을 제안한다.[24]

IEE 보고서가 발간된 후 FAO는 보고서의 제안에 따른 개혁을 실행에 옮기기 위해 2008년 'FAO 개선을 위한 즉시행동계획Immediate Action Plan of FAO Renewal'을 마련하여 270여 개에 달하는 개혁조치를 2013년까지 완수하겠다는 목표를 설정했다. 하지만 앞서 지적한 2008년 식량가격급등 위기를 겪으면서 식량부족의 문제가 국제사회의 첨예한 관심사로 부상하면서 농업 및 농촌 개발이 국제개발협력 사업의 주요한 아젠다로 다시금 부상했고, FAO의 주요 업무가 식량/농업 개발에서 수입확대를 위한 고용의 개발과 식량 접근성 개선으로 이동될 필요가 있다는 IEE 보고서의 제안은 적실성을 일정 부분 상실했다.

2012년에는 18년 만에 새로운 사무총장이 취임하면서 이와 같이 변화된 국제적 환경을 적절히 고려한 새로운 조직 평가의 필요성이 제기되었고, 그 결과 2013년 'Center for Global Development CGD'에서 'FAO가 한 단계 더 높이 도약할 시점Time for FAO to Shift to a Higher Gear'이라는 제목의 평가보고서가 작성되었다. CGD 보고서는 IEE 보고서와는 다르게 "왜 FAO인가?Why FAO?"라는 질문을 제기하면서 시작된다. 식량부족과 식량안전이 다시금 국제사회의 화두가 된 시점에서 FAO의 중요성을 재평가할 필요가 있다는 것

24) FAO(2007), pp.1-3.

이다. 특히 이 보고서에서는 식량/농업 분야에서 FAO만큼 많은 개발도상국의 신뢰를 받는 정당성을 갖춘 국제기구가 아직 존재하지 않는다는 점이 강조된다.

CGD 보고서는 조직의 혁신과 개혁을 옹호한다는 점에서 IEE 보고서와 입장을 같이 한다. 하지만 보고서는 조직 혁신과 개혁이 반드시 필요하기는 하지만 FAO가 전통적으로 담당해왔던 역할을 포기하는 대신 오히려 다시 강화할 것을 강조한다. 특히 식량/농업 분야의 기본 연구, 추세 분석, 통계 작업, 국제 규격화, 표준화 작업, 관심의 고취와 주의의 환기 등 '글로벌 공공재global public good'를 제공하는 FAO의 기능이 강화되어야 함을 강조한다. 다시 말해 FAO가 정보와 지식의 "촉진자, 편집자, 생산자facilitator, compiler and producer"로서의 전통적인 역할을 회복해야 한다고 주장한다. 보고서는 적어도 FAO 예산의 절반 이상이 이러한 공공재의 제공에 사용될 필요가 있다고 제안한다. 이를 위해서는 다른 무엇보다도 부유한 선진국들이 용처를 명시하여 기여금을 제공하는 관행이 개선될 필요가 있다. 그러한 관행이 FAO의 활동을 단기화, 지역화(혹은 국지화)하기 때문이다.[25]

따라서 부정적이고 비관적인 평가가 주조를 이루었던 2007년 IEE 보고서에서와는 달리 2013년 CGD 보고서에서는 FAO의 중요성이 상당히 강조되고 있다. FAO의 성공을 위해 FAO 자체의 개혁과 혁신도 필요하지만 자발적 기여금을 내는 부유한 회원국들의 정책 변화가 절실하다는 주장도 눈에 띄는 부분이다. 이러한 제안이 얼마나 현실적인 인식에 근거하고 있는지는 앞으로 시간을 두고 더 지켜볼 일이다. 다만 식량위기와 식량안전에 대한 경각심이 높아지고 있는 현 상황에서 식량/농업 문야에서 중추적인 지식/정보 네트워크로서의 FAO의 위상에 대한 재평가가 이루어지고 있음은 주목할 만하다.

---

25) Center for Global Development, *Time for FAO to Shift to a Higher Gear: a Report of the CGD Working Group on Food Security* (2013), pp.xii-xv. http://www.cgdev.org/publication/time-fao-shift-higher-gear(검색일: 2014.3.27).

IV. 결론

지난 2013년 6월 채택된 *Reviewed Strategic Framework, 2010~2019* 에서 FAO는 식량/농업 문제와 관련된 최근의 국제환경 변화를 다음의 몇 가지로 정리하고 있다. 먼저, 식량에 대한 수요가 계속 증가하는 가운데 음식 소비의 패턴이 더 많은 육류와 식물성 오일, 설탕을 소비하는 방향으로 변화하고 있다. 둘째, 가용한 토지와 물, 삼림, 해양자원 등 자연자원의 질과 양이 감소하면서 이를 둘러싼 경쟁이 치열해지고 있고, 이는 자연생태계의 훼손으로 이어지고 있다. 셋째, 에너지의 안정적인 확보가 점차 어려워지고 있다. 넷째, 식량가격이 계속 증가하는 추세에 있고, 가격의 변동폭 또한 커졌다. 다섯째, 거대식량기업의 등장으로 식량생산체제에 일대 변화가 발생하고 있다. 여섯째, 식량 농업의 패턴이 바뀌고 있다. 식량무역의 규모가 절대적으로 증가한 가운데, 최저개도국들은 점점 더 많은 식량을 수입하고 있고, 아시아와 라틴아메리카, 동유럽의 국가들은 점점 더 많은 식량을 수출하고 있다. 일곱째, 기후변화가 농업생산에 끼치는 영향력이 점점 더 증가하고 있다.[26]

정확하게 어떤 형태를 취하리라 분명하게 예측하기는 어렵지만 앞으로의 세계에서 식량/농업 문제는 그 중요성을 더해갈 것이라는 데에는 의심의 여지가 없어 보인다. 이와 같이 큰 폭의 변화가 진행 중인 상황에서 거대국제기구인 FAO는 어떤 수단과 어떤 정책을 활용하여 이 분야에서 중심적인 국제기구로서의 과거의 명성을 회복하고 새로운 역할을 정립할 것인가? FAO의 앞으로의 행로는 다른 분야, 다른 성격의 국제기구 개혁에 하나의 중요한 시금석이 될 듯하다.

---

26) FAO, Reviewed Strategic Framework, 2010~2019, pp.7-10(June 2013), http://www.fao.org/docrep/meeting/027/mg015e.pdf(검색일: 2014.4.2).

[사례 1] 2008년 세계식량안보에 관한 고위급회의
(2008 High-Level Conference on World Food Security)

　지난 2008년 6월 식량가격의 급등으로 인한 식량위기에 대처하고자 FAO
가 주관하는 '세계식량안보에 관한 고위급 회담'이 로마에서 개최되었다. 회
의 기간 동안 참가국 대표들 사이에 치열한 설전이 오고가기도 했고, 최종
결의안 채택이 몇 차례에 걸쳐 연기되기도 했던 이 회의는 결국 만족할 만
한 성과를 내는 데 실패했다. 회의 개최국인 이탈리아의 외무장관은 최종
결의안이 상당히 "희석"되었다고 비판하면서 "기대에 비해 실망스러운" 결
과라고 지적했다. 결의안은 "급등하는 식량가격이 식량위기에 취약한 국가
들에 부정적인 영향을 끼치는 것을 막기 위해 즉각적인 협력"이 필요하다고
주장했다. 결의안은 또한 농업에 대한 더 많은 투자와 더 많은 식량지원의
필요성을 역설했다.
　가장 논란이 된 이슈는 '바이오연료'였다. FAO는 바이오연료의 생산이 세
계의 기아 문제를 악화시키지 않는 범위 내로 제한되어야 한다고 제안했지
만 이는 무시되었다. 결의안은 다만 바이오연료의 지속가능한 생산을 위해
정부간기구들이 이 문제에 관해 지속적으로 대화해야 한다고 지적했을 뿐이
다. 특히 미국과 브라질은 이 문제에 관해서 조금도 양보할 뜻이 없음을
분명히 밝혔다. 회의가 진행되는 동안에도 곡물 가격이 지속적으로 상승하
고 있었음에도 말이다. 결의안에는 또한 식량수출을 금지하거나 관세를 부
과하는 것과 같이 식량가격의 유동성을 증가시킬 수 있는 조치들에 반대한
다는 구절이 포함되었다. 하지만 국내식량가격의 안정을 위해 수출되는 식
량에 높은 관세를 부과해온 아르헨티나가 이 구절의 채택에 반대하여 이를
해결하는 데 상당히 오랜 시간을 보내야 했다. 이외에도 무역자유화의 촉진
을 위해 도하라운드 무역협상을 조속히 완결한다는 구절 역시 미국과 영국
의 지지하에 채택되었다.
　결의안은 소규모 농업종사자, 어업종사자들의 이익을 대변하는 시민단체
와 국제 NGO의 신랄한 비판을 받았다. 회의가 진행되는 동안 이들 시민단

체들과 NGO들은 'Terra Preta'라는 포럼을 개최했는데, 이 포럼에 참가한 대표자들은 결의안이 대규모 식량/농업관련 다국적 기업의 이해관계를 일방적으로 대변할 뿐 일반시민들의 식량에 대한 권리를 완전히 무시했다고 비판했다. 이들은 또한 결의안이 식량에 대한 해결책을 제시하기는커녕 위기를 초래한 요인들을 더욱 강화하는 조치들을 권장하는 결과를 초래했을 뿐이라고 주장했다. 반기문 사무총장은 이러한 비판에 대해 회의의 결과가 전적으로 만족스럽지는 않지만 이러한 만남의 장을 통해 보다 건설적으로 문제를 해결할 수 있는 방안을 찾을 수 있을 것이라고 평했다.

2008년의 이 회의는 전례 없는 식량위기를 맞이하여 FAO가 국가들 사이의 그리고 서로 다른 규모와 성격의 식량생산산업 종사자들 사이의 이해관계의 충돌을 적절히 중재하고 이들이 합의점을 찾아가게 하는 데 별다른 능력을 발휘하지 못하고 있음을 드러낸 사건이었다고 할 수 있다.

더 읽을 거리

📖 빌프리트 봄머트(Wilfred Bommert), 『식량은 왜 사라지는가: 배부른 세계의 종말 그리고 식량의 미래(*Kein Brot für die Welt: Die Zukunft der Welternährung*)』, 전은경 옮김. 서울: 알마, 2011.
저자는 식량 문제에 맞서 긍정적인 결과를 이끌어낸 사례들을 인류의 세계식량위기에 대한 대안으로 제시한다. 케냐의 도시농업프로젝트, 인도의 혼농임업 등 프로젝트의 성공에 큰 영향을 끼친 시민단체의 역할을 강조하면서 그들의 지속적인 관심이 세계 식량의 어두운 미래를 밝혀줄 희망이라고 설명한다.

📖 Shaw, D. John. *Global Food and Agricultural Institutions*. London & New York: Routledge: FAO, 2009.
이 책은 기아와 빈곤 캠페인과 관련된 국제기구를 다루는 선구적 역할을 하는 교재로서, 식량농업기구뿐 아니라 인간 존재와 세계평화를 위한 경제적·사회적 발전에 필수적인 세계식량안보를 유지하는 데 중요한 역할을 하고 있는 기타 기구들을 소개한다.

제2장

국내정책 실행수단으로서 국제기구 활용:
미국과 WFP의 관계

조동준

현명한 정치가와 진정한 지도자는(식량)과잉을 공산주의의 침략행위를 막는 자산으로 사용할 수 있다. 공산주의에게 가난보다 더 좋은 친구가 없다. 자유에게는 풍부한 식량보다 더 좋은 친구가 없다.[1]

I. 서론

세계식량계획World Food Programme: WFP은 기아를 퇴치하기 위하여 활동하는 "세계에서 가장 큰 인도적 구호기관"이다. 2012년 말 기준으로 세계식량계획은 기부금으로 조성된 약 40억 달러 예산을 활용하여 80개국에 있는 9천7백만 명에게 인도적 식량 구호에 관여하였다.[2] 인도적 구호 외에도 학

---

1) Hubert H. Humphrey, "Remarks of Senator Hubert H. Humphrey on Food for East Germany," *Minnesota Historical Society* (1954.7.8), http://www.mnhs.org/ (검색일: 2014.6.30).

2) World Food Program USA, *WFP Annual Report 2012* (Washington, DC: World Food Program USA, 2013), p.17; World Food Programme "About," http://www.wfp.org/(검색일: 2014.6.30).

교급식 지원, 전반적 영양상태 개선 사업, 식량을 구입하기 위한 현금 또는
식량교환권(바우처) 지원, 수혜지의 농업 발전을 위하여 수혜지에서 식량
구매, 여성 AIDS 환자에 대한 식량지원, 식량안보 상황에 대한 분석 등 다
양한 역할을 수행하고 있다. 이처럼 선한 이웃의 역할 외에도 세계식량계획
은 유엔체계의 공식 식량원조 기관the food aid arm of the United Nations system 으로
서 외형상으로 트집을 잡을 수 없는 좋은 국제기구이다.

　외형적으로 선한 세계식량계획이 다양한 측면에서 비판을 받고 있다. 세
계식량계획의 구호활동이 수혜지의 농업 발전을 저해하는 사실상 투매(덤
핑)라는 비판, 구호가 필요한 사람에게 구호품이 전달되지 못하고 내전 세
력에게로 전용된다는 비판, 수혜지의 식량 의존성을 키운다는 비판, 유전자
변형 농산물을 유통한다는 비판 등이 제기되고 있다.3) 더 나아가 세계식량
계획이 미국의 대외정책을 수행하는 도구로 사용되고 있다는 비판이 제기된
다.4) 세계식량계획의 선한 외형 뒤에는 다양한 모습이 존재하고 있다.

　이 글은 미국 정치의 맥락에서 세계식량계획이 탄생하는 과정을 분석한
다. 첫째, 1950년대 미국이 제2 농업혁명의 산물인 식량과잉을 해결하려던
여러 정책을 검토한다. 2차 세계대전 이후 미국은 심각한 식량과잉을 해결
하기 위하여 다양한 식량원조 정책을 시도하였다. 둘째, 1960년대 세계식량
계획이 만들어지는 과정에서 미국의 정책목표와 유엔에서의 정치 지형 간
관계를 분석한다. 미국이 사실상 유엔 의사결정과정을 통제하던 상태에서
미국은 양자 간 식량원조의 효과를 높이기 위하여 다자식량원조를 기획했

3) Michael Carolan, *Reclaiming Food Security* (New York, NY: Routledge, 2013), pp.119-122; Jennifer Clapp, "WTO Agricultural Trade Battle and Food Aid," *Third World Quarterly* 25-8(2004), p.1446; The Economist, "When Feeding the Hungry is Political," *The Economist* (2010.3.18); Oxfam International, "Food Aid or Hidden Dumping: Separating Wheat from Chaff," *Oxfam Briefing Paper* 71(2005), pp.17-18. 2011년 3~4월 세계식량계획의 구호활동에 대한 대규모 반대시위가 소말리아 모가디슈에서 열렸다[Rohosafi, "Anti WFP demonstration stages in Mogadishu," *Warsheekh Media* (2011.4.10)].
4) Rachel Garst and Tom Barry, *Feeding the Crisis: U.S. Food Aid and Farm Policy in Central America* (Lincoln, NE: University of Nebraska Press, 1990), p.7.

다. 셋째, 세계식량계획이 원래 목적과 달리 정치적 수단으로 활용되는 현상
을 검토한다. 1970년대 세계인구 증가와 경제회복으로 식량수요가 증가함
에 따라 식량과잉이 해소된 상황에서 미국 행정부는 양자원조에 대한 의회
의 통제를 피하기 위하여 세계식량계획을 우회 경로로 사용하여 정책목표를
달성하려고 한다.

II. 식량과잉

1940년대부터 미국은 식량과잉을 경험하였다. 과학기술의 발전, 온화한

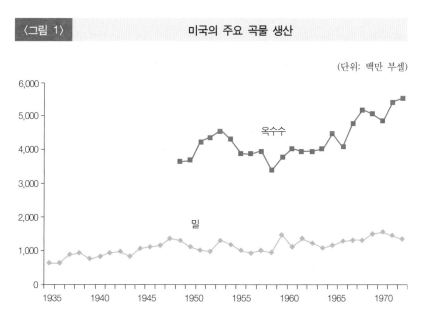

〈그림 1〉   미국의 주요 곡물 생산

(단위: 백만 부셸)

자료: National Agricultural Statistics Service, "Data and Statistics," http://www.usda.gov/(검
색일: 2014.6.30)

기후, 경작지 확대 등으로 인하여 대규모 식량과잉이 발생하자 미국 정부는
식량을 원조로 사용하는 방안을 모색하였다. 이 절에서는 미국에서 발생한
식량과잉 현상과 이를 해결하기 위한 미국 정부의 노력을 정리한다.

1. 식량과잉: 정책적 자산 vs. 정책적 부담

1940년대부터 1970년대까지 미국은 제2 농업혁명을 거쳤다. 제2 농업혁
명은 과학기술의 적용, 개선된 농업관행, 기후로 요약될 수 있다.[5] 첫째,
휘발유를 동력원으로 사용하는 엔진이 1912년 개발되었고, 휘발유를 사용
하는 농업기구가 1920년대부터 보급되기 시작하였다. 1935년 첫 도입된 콤
바인은 대규모 경작지에서 농업 생산성을 급격히 높였다. 산업화와 도시화
로 인하여 농업에 종사하는 인원이 줄어들었지만, 휘발유를 사용하는 농기
구의 보급이 노동력 부족을 상쇄하고도 남았다. 농기구 개량으로 인한 생산
성 향상은 1934년부터 본격적으로 진행되었다. 둘째, 농업관행 또한 1940
년대부터 새롭게 변화하였다. 종자개량, 화학비료 사용, 농약의 사용, 관개
시설 확충이 동시에 진행되면서 농업 생산성이 급격히 높아졌다. 2차 세계
대전을 겪으면서 발전한 화학공업은 종전 후 대규모 비료 생산과 해충 퇴치
를 위한 농약 생산으로 이어졌다.[6] 2차 세계대전 직후부터 화학비료의 사용
으로 인한 생산성 효과가 나타나기 시작하였고 1950년대 중반부터는 화학
비료 사용으로 인한 생산성 효과가 급증하였다. 또한, 1950년대 농약이 본

---

5) Louis H. Bean, "Crops, Weather, and the Agricultural Revolution," *The American Statistician* 21-3(1967), pp.11-14; Wayne D. Ramussen and Paul Steven Stone, "Toward a Third Agricultural Revolution," *Proceedings of the Academy of Political Science* 34-3(1982), pp.179-183.
6) 미국에서 화학비료[질소비료, 칼륨비료(potash fertilizer), 인산비료(phosphoric acid fertilizer)]를 총괄] 사용량은 1940년 8백만 톤, 1950년 약 2천만 톤, 1960년 2천 4백만 톤으로 증가하였다[United States Department of Agriculture, *Agricultural Statistic, 1963*(Washington, DC: United States Government Printing Office, 1963), p.496].

격화되면서 식량증산이 본격화되었다. 셋째, 1930년대 후반부터 1940년대 중반, 1950년대 초반, 1950년대 후반부터 1960년대 중반까지 미국의 연평균 기온이 올라가면서 곡물이 성장하는 데 적당한 환경이 마련되었다. 이 시기 미국에서 식량이 급격히 생산되었다.

미국 연방정부는 식량과잉을 정부 개입으로 해결하려고 하였다. 1930년대 대공황을 해결하기 위한 뉴딜 정책의 일환으로 루즈벨트 행정부는 1933년 농업조정법Agricultural Adjustment Act, 1933을 통과시키고, 자발적 경작 포기에 대한 보조금 지급, 1909~1914년 수준의 농산품 가격을 유지하기 위한 정부구매, 경작자에 대한 신용 대부 등을 본격적으로 실시하였다. 1936년 미국 대법원이 농산물을 가공처리하는 생산자에게 세금을 부과하여 농민에게 보조금을 지불하는 행위가 불법이라고 판결한 이후, 루즈벨트 행정부는 1938년 연방정부가 거둔 세금으로 보조금을 지불해야 한다는 조항으로 1933년 농업조정법을 대체하였다. 이후 미국 연방정부의 농업 개입은 관행이 되었다. 1930년대 후반까지 미국 연방정부의 농업 개입은 제한적으로 농산품의 가격을 안정화하는 데 기여하였다.[7]

미국이 2차 세계대전에 참전하면서 미국 연방정부는 군수용 물자로서 식량을 확보하기 위하여 식량증산정책을 펼쳤다. 미국산 식량은 미국 병사는 물론 연합국 병사의 생명줄이었으며, 연합국 국민에게 구호품으로 전달되었다. 2차 세계대전이 종결된 이후에도 미국산 식량은 중요한 자원이었다. 미국이 서유럽과 다른 지역에서 전후 부흥계획을 주도하면서, 서유럽 등 여러 곳에서 대규모 식량지원을 하였다. 식량지원이 미국 대외정책의 수단이 되면서, 미국은 식량과잉 문제를 해결하였다. 이 시기 식량과잉이 미국의 정책 자산이었다. 미국은 경제원조로 책정된 금액을 활용하여 대규모 정부조달로 식량을 구입한 후 현지에 공급하였다.

---

7) 1930년대 중후반 미국에서 발생한 심각한 가뭄이 농업생산성 향상으로 인한 증산효과를 일부 상쇄하였다. 하지만 동일한 시기 미국 연방정부가 농업 시장에 개입하였기 때문에, 미국 연방정부의 개입이 농민들의 식량증산을 억제하는 듯 보이는 착시현상이 나타났다. 연방정부의 개입이 농업 시장을 안정시킨다는 환상이 형성되었다.

2. 장기적 가격 자유화 vs. 단기적 식량원조

1950년대 중반부터 미국의 식량과잉이 연방정부의 부담이 되었다. 서유럽의 전후복구가 진행됨에 따라 서유럽의 식량생산이 증가하였다. 이로써 서유럽이 미국산 식량과잉을 해소하는 역할을 더 이상 맡지 않게 되었다. 개발도상국에서는 여전히 식량부족이 심각했지만, 미국산 식량을 구입할 수 있는 경제적 능력이 없었다. 정상적으로 시장 기제가 작동한다면 농산품의 공급과잉이 자연스럽게 농산품의 가격 인하로 이어져야 하지만, 1930년대 후반부터 1940년대까지 민주당 집권기 미국 연방정부는 농업 개입으로 미국내 농산품 가격을 안정시키고자 했다. 연방정부의 인위적 시장 개입으로 농산물 가격이 안정되자, 농민들은 더 많은 곡물을 생산했다. 더욱이 1950년 초반 화학비료와 농약 사용으로 인한 농업생산성 증가효과가 나타나면서, 미국의 식량과잉이 연방정부의 농업 개입으로 해소될 수 있는 수준을 넘어섰다.

1953년 집권한 아이젠하워 행정부에게 연방정부의 농업 개입은 양날의 칼과 같았다. 공화당이 시장 친화적인 정책을 선호하는 사회계층의 지지를 받기 때문에, 아이젠하워 행정부는 당파적 입장에서 연방정부의 농업 개입을 축소해야만 했다. 특히, 대도시에 집중되어 있는 자본 세력의 지지를 유지하기 위해서는 연방정부의 개입축소가 필수적이었다. 반면, 공화당은 또다른 지지기반인 농민의 이해를 고려해야만 했다. 연방정부의 농업 개입이 중단된다면, 1930년대부터 농산품 가격 안정을 위한 정부 수매에 익숙한 농민들이 등을 돌릴 수 있었다. 공화당의 두 지지기반이 상충적 이해관계를 가지는 상황에서 아이젠하워 행정부는 식량과잉 문제를 해소하기 위한 결단이 필요했다.

1954년 아이젠하워 대통령은 식량과잉을 해결하기 위하여 장기적으로 미국 연방정부가 농업에 개입하는 정도를 줄이는 대신 단기적으로 시장과 "절연된insulated" 경로에서 식량소비를 증진시키는 안을 제시하였다.[8] 이 안은 공화당의 정치 이념에 부합하며, 공화당의 정치적 지지세력인 농업세력을 단기적으로 보호하는 역할을 수행할 수 있었다. 즉, 장기적으로 미국 연방정부가 정부 수매를 줄여 농민들로 하여금 시장이 보내는 신호에 따라 경작 여부를 결정하도록 법체제를 정비하자는 제안은 시장의 자율성을 중시하는 공화당의 정치이념에 부합하였다.9) 동시에, 미국 농산품 시장 기제가 작동되지 않는 영역에서, 예를 들면 학교 급식, 식량원조 등 새로운 영역에서, 농산물의 소비를 촉진하면 농민이 구조조정의 비용을 단기적으로 부담하지 않으면서 식량과잉 문제를 해결할 수 있었다.

아이젠하워 대통령이 제안한 농업 자유화는 미국 정치지형의 변화와 맞물리며 1960년대 역전되었다. 1961년대 민주당이 행정부와 의회를 동시에 장악하면서, 농업에 대한 연방정부의 개입은 오히려 증가하였다. 1961년 미국 의회는 식량생산을 줄이기 위하여 휴경 농작지에 대한 직접 보조금을 지급하도록 농업조정법을 수정하였다. 휴경은 농민의 자발적 선택이었지만, 신청자에게만 연방정부가 직접 보조금을 지급하였기 때문에 연방정부가 사실상 경작 여부에 직접 관여하는 결과를 초래하였다. 반면, 가격안정을 위한 수매 가격 결정은 세계곡물시장 가격을 반영함으로써, 연방정부의 개입은 상대적으로 감소하였다.10)

---

8) Dwight D. Eisenhower, "Annual Message to the Congress on the State of the Union"(1954.1.7), in Wayne C. Grover, *Public Papers of the Presidents of the United States: Dwight D. Eisenhower, 1954*(Washington, DC: Office of the Federal Register National Archives and Records Service, 1960), p.16; Dwight D. Eisenhower, "Special Message to the Congress on Agriculture"(1954.1.11), in Grover(1960), pp.27-31. 아이젠하워 행정부는 농민들이 경작지를 줄이고 과잉 공급되는 곡물을 대체하는 작물을 심도록 미국 연방정부가 농업에 직접적으로 개입하는 방안이 미국 연방정부에 의한 농민 통제에 해당하기 때문에 실시할 수 없다는 입장을 보였다[Eisenhower(1960[1954]), p.16].

9) Adam D. Sheingate, *The Rise of the Agricultural Welfare State*(Princeton, NJ: Princeton University Press, 2001), pp.134-139.

10) Sheingate(2001), pp.141-146. 농업인구 감소로 인한 농업세력의 약화, 소비자 이해를 반영하는 정치세력의 성장, 자유주의 경제 이념의 확산 등으로 인하여, 1970년대 후반부터 농업자유화가 점진적으로 진행되었다. 1990년대 이후 농업에 대한 미국 연방정부의 개입이 급격히 감소하였다. 1996년 연방 농업개혁법(Federal Agriculture

반면, 아이젠하워 대통령이 제안한 "절연된 통로"를 통한 식량소비는 급격히 증가하였다. 국내적으로 저소득층을 대상으로 하는 식량지원이 본격적으로 진행되었다. 미국 의회는 1959년 저소득층에 대한 식량지원을 할 수 있는 법안(Public Law 86-341)을 통과시켜, 미국 연방정부가 과잉식량을 저소득층에게 지원할 수 있도록 하였다. 1964년 식권법^{Food Stamp Act}이 통과된 후, 영양지원정책^{Supplemental Nutrition Assistance Program}에 소요되는 비용이 1965년 7천5백만 달러에서 1995년 24억 달러로까지 상승하였다.11)

국외적으로 미국은 1954년 농업원조법^{Agricultural Trade Development and Assistance Act, Public Law 480}을 제정하여 식량수입국의 통화로 미국산 식량을 시장가격보다 저렴하게 구매하는 길을 열었다. 식량부족국은 국제곡물시장을 우회하여 식량을 구입할 수 있게 되었다(Title 1). 또한, 미국이 직접 식량으로 양자 원조를 하거나 국제기구 또는 비정부단체를 통하여 우회적으로 원조를 할 수 있는 길도 열렸다(Title 2). 1966년 개정된 농업원조법은 미국이 다자기구인 세계식량계획을 통하여 식량을 원조하는 길을 열었다. 개정된 농업원조법에 따라 미국이 잉여식량을 세계식량계획을 통하여 국외로 보내는 비중이 80%에 이르게 되었다. 미국의 잉여식량이 우회경로를 통하여 값싸게 판매되거나, 양자원조로 제공되거나, 세계식량계획을 통하여 제공됨에 따라 미국의 식량과잉 문제가 안정화되었다.

Improvement and Reform Act)에 의하여 2002년 이후 미국 연방정부는 고정가격에 의하여 농산물을 수매하는 정책을 중단하였다. 또한, 식량과잉을 막기 위하여 대체작물경작 또는 휴경에 대하여 지급하던 보조금도 점차 폐지되었다. 하지만 농산품 가격 안정화를 위한 보조금 지급은 지금까지도 진행되고 있어 2012년에만 약 15억 달러에 이르고 있다[EWG Farm Subsidies, "Farm Payments," http://farm.ewg.org/ (검색일: 2014.6.30)].

11) Food and Nutrition Service, United States Department of Agriculture, "Program Data," http://www.fns.usda.gov/(검색일: 2014.6.30).

〈그림 2〉 **미국의 식량원조**

(단위: 백만 달러)

자료: United States Agency for International Development, U.S. Overseas Loans and Grant (Green Book), http://gbk.eads.usaidallnet.gov/(검색일: 2014.6.30)

III. 세계식량계획의 탄생

1950년대 미국의 식량원조는 미국의 식량과잉을 해소하는 데 도움을 주었지만, 국제시장을 교란하며 수원국(受援國)의 식량생산을 저해하는 부정적 효과를 초래하였다. 미국은 식량원조를 지속하며 식량과잉 문제를 해소하지만 동시에 식량시장을 교란하는 행위자라는 오명을 지우고 싶었다. 식량원조 수혜국(受惠國)은 식량원조를 얻으면서도 양자 식량원조로 인한 정치적 제약을 벗어나고자 하였다. 미국과 식량수원국이 외형상 동일하게 국제기구를 통한 식량원조를 대안으로 제시하였지만, 양측은 상이한 목적을

숨기고 있었다. 양측 간 상호작용은 세계식량계획의 탄생으로 이어졌다. 이 절은 세계식량계획이 만들어지는 과정을 검토한다.

1. 식량원조의 이면

미국의 식량원조는 세 측면에서 미국에게 부담이었다. 첫째, 미국 농업법 PL-480 의 Title 1은 미국이 우호국에게 우호국의 통화를 결제대금으로 받고 미국의 과잉 농산품을 국제가격보다 낮게 책정하여 판매하는 것을 허용하지만, 식량판매로 인한 결제금을 사용하는 용처를 미국과 수원국 간 무역확대, 수원국의 경제성장, 미국의 대외 약속 변제, 미국과 우호국의 공동 능력 강화, 미국 대외정책의 증진 등으로 규정한다.[12) 미국 농업법이 결제 대금의 사용처를 광범위로 해석할 수 있는 여지를 가지고 있지만, 사실상 의회의 감독으로 인하여 미국 행정부는 결제 대금을 제한적 목적으로만 사용할 수밖에 없었다. 예결산에서 의회가 가진 막강한 통제력이 식량원조에서도 나타났다. 둘째, 양자간 식량원조의 수혜국이 "우호국"으로 규정됨으로 인하여 적대적 또는 중립적 국가에게 식량원조를 제공하기 어려웠다. 우호국이 이미 미국의 대외정책을 대부분 지원하는 상황에서 우호국에게만 호의적 식량판매를 규정하는 것은 식량원조를 외교정책 수단으로 활용하는 데 있어 큰 제약이었다. 셋째, 미국과 경쟁관계에 있는 식량수출국에게 미국의 식량원조는 투매(덤핑)와 유사하게 여겨졌다. 즉, 미국이 달러가 아닌 다른 통화로 결제대금으로 청구하여 미국 농업법 Title 1에 규정된 식량판매가 국제시장을 교란하지 않는다고 주장해도, 미국의 호의적 식량판매는 캐나다와 호주 등 주요 식량수출국의 이해를 침해하였다.

수원국의 입장에서도 미국의 식량원조가 세 측면에서 부담이었다. 첫째, 미국으로부터 싸게 구입한 식량을 활용하는 데 있어 제약을 받았다. 미국으

---

12) PL-480 Section 2.

로부터 구입한 식량을 다른 국가로 재판매할 수 없었고,[13] 미국 대통령의 승인을 받아야만 국내적 용도 이외로 활용할 수 있었다. 둘째, 미국이 농산물을 증여물자로 지원하는 경우, 미국 대외원조법^{Foreign Assistance Act 1948}에 따라 수원국이 수원국의 통화로 증여물자에 상당하는 금액을 중앙은행에 예치하여야 하며, 미국이 승인하는 경우에 한하여 통화안정과 증산을 위하여 사용할 수 있다. 수원국의 입장에서 미국의 원조는 경제정책의 자율성을 약화시키는 결과를 초래하였다. 셋째, 식량원조가 수원국에 유입되면, 수원국의 농민에게 피해가 발생한다. 값싼 식량이 수원국에 유입되면, 수원국의 식량가격이 떨어질 수밖에 없다. 식량원조의 대상이 곡물시장으로부터 완전히 절연될 수 없기 때문이다. 이는 수원국 농민에게 경제적 피해를 초래한다. 더 나아가, 식량증산의 유인을 약화시키기 때문에 식량증산에 부정적 영향을 가져온다. 궁극적으로 식량원조에 대한 의존성이 형성될 개연성이 높아진다.

　미국과 수원국은 동시에 다자기구에 의한 식량원조를 대안으로 모색하였다. 미국의 입장에서는 다자기구에 의한 식량원조는 세 가지 정치적 목표를 동시에 달성할 수 있는 방안이었다. 첫째, 정치적으로 비슷한 입장을 취하나 식량수출문제에서 경쟁관계에 있는 호주와 캐나다를 끌어들인 후, 식량원조를 통하여 공동의 정치적 목표를 달성하였다. 호주와 캐나다가 다자기구에 의한 식량원조에 동참하면, 식량원조가 투매(덤핑)라는 비판을 일정 정도 약화시킬 수 있었다. 또한, 미국, 호주, 캐나다는 자유민주주의를 전파하는 공동 목표를 공유했다. 식량원조가 자유민주주의 확산과 결부되면서, 잉여식량을 원조로 전환하는 정책은 정치적 정당성을 가지게 되었다. 둘째, 양자 식량원조의 부정적 이미지를 해소할 수 있었다. 미국이 1950년대 후반 유엔총회에서 다수 지지를 확보하던 상황에서 유엔이 식량원조를 감당하게 된다면, 미국은 유엔의 선한 이미지로 식량원조를 포장할 수 있었다(〈표 3〉 참조). 셋째, 다자기구를 통한 식량원조로 해외로 나가는 농산품의 양이 증가

---

13) PL-480 Section 101(d).

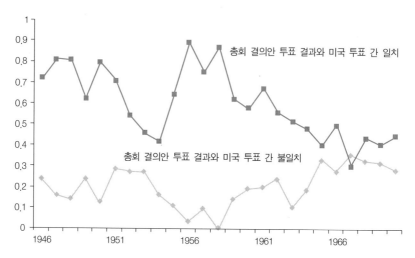

자료: Erik Gartzke, Dong-Joon Jo and Richard Tucker, U.N. General Assembly Voting, 1946~1996(version 1.1), (1999)

하면, 미국의 식량과잉을 해소하는 데 도움을 줄 수 있었다.

식량원조의 수혜국도 다자기구를 통한 식량원조를 선호하였다. 식량원조를 다자기구가 담당하게 되면, 수원국이 집단행동을 통하여 수원국에게 조금 더 유리한 조건으로 원조를 얻을 수 있다고 예상했기 때문이다. 미국의 식량원조는 미국의 식량과잉을 해소하기 위하여 밀어내기 방식으로 진행되었기 때문에, 수원국의 이해를 투영할 기회가 원천적으로 차단되어 있었다. 만약 다자기구가 공여국과 수원국의 이해를 조정하는 기능을 담당한다면, 다자기구를 통한 식량원조가 수원국의 일방적 입장을 완화시킬 수 있었다.

아이젠하워 대통령은 유엔에서 다자기구를 통한 식량원조의 필요성을 아래와 같이 언급하였다.

본국을 포함한 일부 국가가 식량을 남아돌 정도로 생산하고 있지만, 세계 저

발전 지역에서 수억 명이 기아로 고통을 받고 있다는 사실을 잊지 말아야 합니다. 이런 역설이 계속되도록 내버려 둘 수 없습니다. 본국은 과잉된 식량을 식량이 필요한 국가에 제공하는 활동을 전개하고 있습니다. 본국은 다른 국가와 함께 식량농업기구의 조언과 지원을 받으면서 유엔체제를 통하여 회원국에게 제공하기 위한 실행 가능한 방안을 연구하고 있습니다. 유엔총회가(본국에서 이미 실행되고 있는) '평화를 위한 식량원조(Food for Peace Program)'를 확대·발전시키는 안을 심각하게 고려할 것을 기대합니다.[14]

2. 세계식량계획의 탄생

유엔판 '평화를 위한 식량원조'를 시작하자는 아이젠하워 대통령의 제안은 유엔총회 결의안 1496호(A/Res/1496, 1960.10.27)로 구체화되었다. 유엔총회 결의안 1496호는 미국, 다른 식량수출국, 수원국의 입장을 골고루 반영하였다. 첫째, 식량원조가 저발전국의 경제성장을 돕는 "효과적이며 과도기적인 수단"임을 명시하였다. 식량원조가 가진 긍정적 효과를 언급함으로써, 미국이 시행하던 식량원조에 정당성을 부여하였다. 둘째, 식량원조가 투매(덤핑)가 되어 식량수출국의 이해를 침해하지 않도록 안전조치의 필요성을 언급하여 미국이 제안한 식량원조가 다른 식량수출국의 이해를 침해하지 않도록 하였다. 셋째, 다자기구를 통한 식량원조가 공여국과 수원국에게 공통적으로 합의가능한 방식으로 진행되어야 한다는 점이 강조되었다. 또한, 식량원조가 수혜국의 경제성장에 도움이 되는 방식으로 진행되어야 한다는 점도 강조되었다. 이는 수원국의 입장을 반영하였다. 이처럼 식량원조를 둘러싼 갈등선을 봉합한 유엔총회 결의안 1496호는 식량농업기구, 유엔 내 식량관련 기구, 유엔사무총장이 식량원조를 위한 다자기구를 모색하는

---

14) Dwight D. Eisenhower, "Address Before the 15th General Assembly of the United Nations, New York City"(1960.9.22), in Gerhard Peters and John T. Woolley, The American Presidency Project, http://www.presidency.ucsb.edu/ws/?pid=11954(검색일: 2014.6.30).

연구 모임을 시작하도록 하였다.[15)]

식량농업기구는 1961년 11월 24일 결의안 1701호로 식량원조를 담당하는 다자기구 안을 만들었다. 식량농업기구의 결의안 1701호에 담긴 안은 세 가지로 요약될 수 있다. 첫째, 세계식량계획은 3년간 시행되는 실험적 안으로 하였다. 상설적 국제기구로 만들지 여부는, 3년 실험 후 결정하도록 하여, 다자기구를 통한 식량원조에 반대하는 입장을 일부 수용하였다. 둘째, 총 재원 1억 달러는 회원국이 자발적으로 증여하는 현물, 현금, 용역으로 충당될 수 있다고 하였다. 증여 자산 중 현금을 원하는 개도국의 선호를 일부 반영하여, 현금 증여분이 최소 1/3 이상이 될 수 있도록 권고하였다. 셋째, 세계식량계획의 관리 주체는 식량농업기구에서 선출되는 10개국과 유엔총회에서 선출되는 10개국으로 구성된 위원회Inter-Governmental Committee로 지정되었다. 20개국 위원회의 활동은 식량농업기구와 유엔 경제사회이사회의 관리를 받게 되었다.

유엔총회는 결의안 1714호(A/Res/1714, 1961.12.19)로 식량농업기구의 안을 승인하였다. 20개국 위원회 선정에서 지역배분, 공여국과 수원국 간 배분, 개도국과 선진국 간 배분 등에서 평등성을 적용하여, 특정 집단의 입장으로 쏠림을 방지하는 안을 덧붙였다. 또한, 이 결의안은 새로운 민주당 행정부의 정책 담론을 수용하여 식량부족의 궁극적 문제해결은 저발전국의 자생적 경제성장이며, 식량원조가 과도기적 정책 수단임을 분명히 하였다. 아이젠하워 행정부에서 시작된 식량원조를 케네디 행정부가 더 적극적으로 활용함에 따라, 미국에서 행정부 교체가 일어났음에도 불구하고, 미국의 정책연속성이 유지되었다.[16)]

---

15) 식량농업기구는 「Development through Food-A Strategy for Surplus Utilization」이라는 보고서를, 유엔사무총장은 「The Role of the United Nations and the Appropriate Specialized Agencies in Facilitating the Best Possible Use of Food Surpluses for the Economic Development of the Less Developed Countries」(E/3509)라는 보고서를 각각 유엔총회에 제출했다. 또한, 식량농업기구와 유엔사무총장은 다자기구를 통한 식량원조안을 함께 만들어 제출하였다(A/4907).

16) 대통령 선거유세에서 케네디 후보는 미국내 저장된 식량의 반을 외국에 보관하고,

1962년부터 1965년까지 한시적으로 운영된 세계식량계획에 39개 회원국이 총 9천 4백만 달러 상당의 현금, 현물, 용역을 증여하였다. 1965년 세계식량계획의 지속 여부를 검토한 보고서에 입각하여(E/4043; E4015), 유엔총회는 1965년 12월 20일 "다자 식량원조가 실행 가능하며 바람직하다면" 세계식량계획을 지속하기로 결의하였다(A/Res/2095, 1965.12.20). 이 과정을 거치면서 세계식량계획은 사실상 상설 국제기구가 되었다.

IV. 세계식량계획의 운영

세계식량계획은 미국에서는 농산물이 과잉생산되는 반면, 개발도상국에서는 식량이 부족한 불균형 상태에서 잉여농산물을 긴급지원의 형태로 해소하기 위하여 창설되었다. 창설 이후 세계식량계획은 활동 영역을 넓혀, 지금은 세계에서 가장 큰 인도적 구호기관이 되었다. 이 절은 세계식량계획의 활동, 자금 조달, 지배구조 등을 검토한다.

1. 확장된 활동 반경

세계식량계획의 활동 영역은 두 가지로 나뉜다. 첫째, 식량위기가 발생한 지역에서 기아 문제를 해결하기 위하여 노력한다. 세계식량계획의 재원 가

호주와 캐나다와 같은 식량수출국과 공동보조를 맞추며, PL-480 Title 1에 근거한 식량판매로 인한 결제대금에 대한 규제를 풀어야 한다고 주장했었다[John F. Kenndy, "Remarks of Senator John F. Kennedy Young Democrats State Convention Banquet Racine Wisconsin"(1960.3.19), in John F. Kennedy Presidential Library and Museum, http://www.jfklibrary.org/(검색일: 2014.6.30)].

운데 80% 이상이 식량위기를 해결하기 위한 활동에 집중적으로 투여된다. 이는 세계식량계획의 창설 당시 활동 영역으로, 창설 이후 50년이 지난 시점에서도 여전히 중요한 활동 영역이다. 둘째, 수혜지의 경제개발을 위하여 노력한다. 세계식량계획의 출범 이전부터 잉여농산물이 수혜지의 농업생산에 부정적 영향을 미친다는 지적이 있었다. 값싼 잉여농산물이 수혜지에 들어오면, 수혜지의 농산물 가격이 폭락하여 현지 생산자의 경제 의지를 약화시키기 때문이다. 세계식량계획은 이 문제를 해소하기 위하여 수원국 인근 국가의 소농으로부터 식량을 구매하는 활동을 전개하였다. 개발이 세계식량계획의 두 번째 활동영역이 되었다. 이 활동에는 약 8% 재원이 사용된다.

세계식량계획은 식량위기해소와 수혜지의 개발을 위하여 크게 여덟 가지

〈표 1〉 **세계식량계획의 예산 사용처**

(단위: 백만 달러)

	2009	2010	2011	2012	2013	2009~13
총 예산	4023.3	3813.8	3695.2	3970.6	4370.6	19873.5
위기대응	37.9%	45.4%	30.9%	30.9%	36.8%	36.4%
긴급대응	1.1%	0.9%	1.4%	1.1%	1.2%	1.1%
위기 후 복구	47.2%	31.8%	44.3%	40.9%	36.5%	40.1%
개발원조	6.2%	8.4%	8.1%	9.4%	9.0%	8.2%
특별작전	3.8%	5.4%	4.4%	4.5%	4.8%	4.6%
기타	3.9%	8.2%	10.9%	13.2%	11.6%	9.6%

• 위기대응: 식량위기가 발생한 후 기아 문제를 해소하기 위하여 투여되는 재원
• 긴급대응: 식량위기 발생 직후, 아사 문제 등 시급한 문제를 해결하기 위하여 투여되는 재원
• 위기 후 복구: 식량위기가 단기적으로 진정된 후, 식량위기로부터 벗어나기 위하여 장기적으로 투여되는 재원
• 개발원조: 식량증산 등 경제개발을 위하여 투여되는 재원
• 특별작전: 위기대응과 긴급대응을 수행하기 위한 특수활동을 위해 투여되는 재원

자료: World Food Programme, "Contributions to WFP by Programme Category," http://www.wfp.org/(검색일: 2014.6.30)

활동을 전개한다. 첫째, 세계식량계획은 학교 급식을 지원한다. 학교 급식
에 대한 지원은 농산물 시장을 상대적으로 작게 교란하기 때문에, 잉여농산
물이 학교로 지원된다. 학교 급식은 학생에 대한 영양 제공은 물론 학부모
가 취학연령에 있는 아동을 작업장이 아닌 학교로 보내는 유인이다. 이는
궁극적으로 취학연령에 있는 아동의 교육으로 이어진다. 잉여농산물을 활용
하여 학교 급식을 지원하는 정책은 수혜지로부터 반발에 직면하지 않는다.
이런 이유로 세계식량계획은 창설 초기부터 학교 급식을 지원하고 있다.[17]

둘째, 세계식량계획은 영양개선 사업을 전개하고 있다. 특히 태아와 유아
의 영양 상태는 이후 생애주기에 계속 큰 영향을 미치며 영양결핍이 신체적/
정신적 발달에 영향을 미치기 때문에,[18] 세계식량계획은 영양개선의 필요
성과 효과를 보여주는 과학적 결과를 확산시키는 동시에 직접 영양개선 사
업에 참여한다. 구체적으로 일반적 식량배분의 확대, 학교 급식 지원, 노동
에 대한 반대급부로 식량제공food for work/asset, 수매제도purchase for progress 등
을 통하여 저소득층이 식량에 접근할 수 있도록 돕는다.[19] 집중적 지원 대
상은 태아, 63개월 이전 영유아, 수유를 하는 여성이다.

셋째, 세계식량계획은 식량부족을 겪는 사람들이 식량을 구입할 수 있도
록 현금 또는 식량교환권(바우처)을 지원한다. 이 제도는 농산물이 지역사
회에 충분하지만 식량을 구입할 수 없는 사람들을 구호하는 데 적절하다.

---

17) 세계식량계획은 약 1,860만 명에게 학교 급식을 지원하고 있다. 세계 학교 급식을
   받고 있는 학생이 약 3억 6,700만 명임을 고려하면, 세계식량계획의 학교 급식 수혜
   자는 약 5%에 해당된다. 세계식량계획의 학교 급식 지원은 소득 수준에 따라 이루어
   져, 빈곤국의 학교 급식 대상자 가운데 약 49%, 중하소득국의 학교 급식 대상자 가운데
   약 18%에게 지원이 이루어진다(World Food Programme, *State of School Feeding
   Worldwide* (Rome, Italy: World Food Programme, 2013), pp.17-18).

18) 영양 부족으로 인한 아동 사망이 전체 아동 사망의 20%에 해당되며, 특정 영양소
   부족이 원인이 되어 사망에 이르게 되는 비중도 약 9% 정도이다. 이를 합산하면,
   직접적 또는 간접적 영양 부족으로 인한 아동 사망의 비중이 30%에 근접한다.

19) World Food Programme, "Nutrition at the World Food Programme: Progra-
   mming for Nutrition-Specific Interventions(2012)," http://www.wfp.org/(검색일:
   2014.6.30), p.20.

빈곤국은 대부분 사회안전망을 제공하지 못하기 때문에, 빈곤국에 있는 빈곤층은 식량을 구매할 수 없어 기아를 경험한다. 현금과 식량교환권(바우처)을 지급하여 식량을 구입하는 제도는 현지 식량시장을 교란하지 않으며 식량생산자의 경제적 이익을 침해하지 않는다. 따라서 이 제도는 선진국의 잉여농산물 처분에는 크게 직접적으로 기여하지 않으나 수혜지에서의 기아 문제 해결과 동시에 수혜지의 식량증산을 유도하는 효과를 가진다. 세계식량계획은 2011년 현금 또는 식량교환권(바우처)으로 식량을 구입할 수 있는 제도를 운영하기 위하여 2억 800만 달러를 사용했고, 2015년까지 세계식량계획의 전체 예산 가운데 현금 또는 식량교환권(바우처)을 활용한 프로그램이 차지하는 비중을 1/3까지 올릴 계획을 가지고 있다.[20]

넷째, 세계식량계획은 시장가격의 변동에 무관하게 사전 계약한 가격으로 소규모 생산자로부터 농산물을 구입하는 제도Purchase for Progress: P4P를 운영한다. 이 제도는 2008년부터 시작되었는데, 시장가격의 변동에도 불구하고 농부들이 안정적으로 수익을 올리도록 함으로써 수혜지 농부들의 증산 의지를 높인다. 또한, 빈곤층이 구매력을 가지게 됨으로써 현지 농산물에 대한 수요를 높여, 현지 농산물 가격을 올리는 효과를 가진다. 현금 또는 식량교환권(바우처)을 지원받지 못하는 사람들이 식량가격 상승으로 인하여 경제적 손실을 보는 단점이 있지만, 잉여농산물 투입으로 인한 시장교란이 없다는 특징을 가진다. 2012년 세계식량계획은 20개국 50만 명의 농부로부터 11억 달러어치 식량을 구매하였다(전체 개발도상국에서 공공기관에 의한 식량수매의 75%). 또한, 이 제도는 식량의 운송 비용을 줄이는 효과를 가진다.[21]

다섯째, 세계식량계획은 매년 2백만 톤 이상 식량을 식량이 지원되는 국가의 근처에서 시장가격으로 구매한다.[22] 수혜지로부터 가까운 곳으로부터

---

20) World Food Programme, "Cash and Vouchers for Food"(April 2012), http://www.wfp.org/(검색일: 2014.6.30).

21) Ibid.

22) 2013년 세계식량계획은 총 210만 톤 식량(약 11.6억 달러어치)을 현지에서 구매했는

식량을 수매함으로써 식량운송비용을 줄이고 식량구매가 개발도상국에 집중되어 현지 경제를 유지하는 데 기여하고자 한다. 특히 세계식량가격의 상승으로 인하여 현물 지원이 줄자, 세계식량계획의 구매 사업을 늘이고 있지만 구매하는 식량의 규모는 정체 상태를 유지하고 있다. 식량구매를 통한 기아대책은 개발도상국이 선호하는 방식이다.

여섯째, 세계식량계획은 여성의 기아에 대하여 특별한 관심을 가지며 여성의 기아를 퇴치하기 위하여 노력한다. 출산과 육아를 담당하는 여성의 기아는 아동에게로 이어져, 향후 신체적/정신적 발달 과정에서 어려움을 보인다. 실제 매년 약 2천 명의 아이가 저체중 상태로 태어나는데, 임신 기간과 출산 직후 산모의 영양 상태와 관련되어 있다. 저체중 아이는 질병에 걸리기 쉽고 여성의 건강이 여성 자체의 건강뿐만 아니라 후속 세대의 건강과 연관되기 때문에, 여성의 기아를 해결하는 것은 후속 세대의 기아 해결과 관련되어 있다. 세계식량계획은 여성이 식량에 접근할 수 있는 기회를 늘리기 위하여 현지 식량위원회에 여성 50% 참여, 여학생에게 학습 기회 부여 등을 위하여 노력하고 있다.[23]

일곱째, 세계식량계획은 결핵과 후천성면역결핍증에 걸린 환자에게 맞춤형 지원으로써 환자용 식량을 제공하고 식량배분에서 우선권을 줌으로써 환자의 회복을 돕는 동시에 환자 가족의 생존을 돕는 사회안전망의 역할을 담당한다. 2010년 세계식량계획은 44개국에서 후천성면역결핍증 또는 결핵 환자 130만 명에게 환자용 식량을 제공하였고, 환자의 가족을 포함하여 250만 명을 지원했다.[24]

데, 밀이 15%, 옥수구가 18%, 쌀이 19%, 콩이 10%, 수수가 8%였다[World Food Programme, "Food Procurement Annual Report 2013," http://www.wfp.org/(검색일: 2014.6.30), p.2].

23) World Food Programme, "WFP Gender Policy"(2009.2.10), http://www.wfp.org/ (검색일: 2014.6.30), pp.8-14.

24) World Food Programme, "HIV, AIDS, TB and Nutrition"(November 2011), http://www.wfp.org/(검색일: 2014.6.30).

여덟째, 세계식량계획은 식량상황을 분석함으로써 식량위기를 예상하고 대처하는 데 도움을 준다. 세계식량계획의 분석가들은 인공위성 사진, 지리정보체계Geographic Information Systems, 이동 자료 수집기mobile data collector 등을 활용하여 식량관련 자료를 체계적으로 수집하고, 수집한 자료를 분석함으로써 식량상황에 관한 전반적 분석결과를 발표하고Comprehensive Food Security and Vulnerability Analyses, 특정 국가 또는 지역에서 발생하는 위기 분석 결과를 발표한다. 세계식량계획의 보고서는 식량위기에 처한 사람의 확인, 식량위기에 처한 사람의 규모, 식량위기의 발생 장소, 식량위기의 원인, 식량위기의 예상 진행 방향, 식량위기 해소 방책을 반드시 포함하여, 현상에 대한 이해, 현상의 원인, 현상을 대처하는 방식을 종합적으로 접할 수 있도록 한다.[25]

2. 재원 조달

〈표 2〉			세계식량계획의 재원(유형)			
유형	2009	2010	2011	2012	2013	2009~14
정부	3701.7	3462.7	3404.8	3682.3	4060.4	20623.6
	92.0%	90.8%	92.1%	92.7%	92.9%	92.4%
민간	321.6	351.1	290.4	288.4	310.1	1691.4
	8.0%	9.2%	7.9%	7.3%	7.1%	7.6%
합	4023.3	3813.8	3695.2	3970.6	4370.6	22315.0

자료: World Food Programme, "Contributions to WFP: Comparative Figures by Donor Type," http://www.wfp.org/(검색일: 2014.6.30)

---

25) World Food Programme, "2012 Report of WFP's Use of Multilateral Funding," http://www.wfp.org/(검색일: 2014.6.30), pp.1-3. 세계식량계획은 2013년 1월부터 2013년 3월 6일까지 중미 3국 아프리카 33국, 중동 3국, 아시아 12개국의 식량위기상황에 관한 보고서를 제출하였다.

세계식량계획의 재원은 후원자가 자발적으로 제공하는 현금과 현물로 구
성된다. 현물을 제공할 경우, 현물을 운송하고 관리하고 배분을 관리하는
데 필요한 재원이 반드시 포함되어야 한다. 후원자는 국가, 기업, 개인, 국제
기구로 구분되는데, 국가로부터 오는 후원이 가장 큰 비중을 차지한다. 다자
후원과 국제기구 후원을 국가별 후원으로 구분한 후 개별 국가가 세계식량
계획에 기부한 현금과 현물에 합산하면, 국가의 후원이 약 91%를 차지하고,
개인과 기업으로부터 후원이 약 9%를 차지한다. 복수 국가가 연합하여 기
부하는 다자 후원은 연도별 차이가 조금씩 나지만 전체 재원의 약 11%를
차지한다.[26] 후원자는 물품과 현금의 사용처를 사전에 지정하여 세계식량

〈표 3〉 세계식량계획 후원 순위

(단위: 백만 달러)

순위	국가	2010	2011	2012	2013	2014	2010~14	비중
1	미국	1552.7	1243.3	1474.8	1474.3	756.9	6502.1	36.0%
2	캐나다	285.5	302.3	367.1	366.7	251.9	1573.6	8.7%
3	유럽연합	289.9	258.6	386.1	336.6	88.5	1359.7	7.5%
4	영국	157.1	143.9	202.1	452.4	292.8	1248.3	6.9%
5	일본	214.8	282.1	190.7	238.4	116.0	1042.1	5.8%
6	독일	95.8	195.2	150.2	230.2	73.1	744.5	4.1%
7	유엔	120.3	126.2	136.8	143.3	48.9	575.4	3.2%
8	호주	83.9	143.2	121.7	95.1	23.1	467.1	2.6%
9	개인	141.5	85.3	65.2	84.7	56.8	433.5	2.4%
10	스웨덴	90.7	97.8	95.3	103.1	2.8	389.6	2.2%

자료: World Food Programme, "Contributions to WFP: Comparative Figures and Five-Year
Aggregate Ranking," http://www.wfp.org/(검색일: 2014.6.30)

26) World Food Programme, "2012 Report of WFP's Use of Multilateral Funding,"
http://www.wfp.org/(검색일: 2014.6.30), p.5.

계획에 기부하거나 세계식량계획의 재량에 맡길 수 있는데, 90% 이상 사전
에 사용처를 지정하는 방식을 취한다. 따라서 세계식량계획이 자체적으로
기아구호대책을 세우고 추진할 수 있는 여지가 매우 적다.

국가의 후원 가운데 농업 부분이 강한 선진국이 차지하는 비중이 매우
높다. G7 국가가 차지하는 비중이 60%를 상회하며, 미국 혼자서 35% 이상
의 기부를 책임지고 있다. G7 국가 외에 스칸디나비아 국가가 국력에 비하
여 상대적으로 많은 기부를 하고 있다. 개인 후원도 사실상 G7 선진국과
북구 국가의 국적을 가진 개인으로부터 온다는 점을 고려하면, 세계식량계
획의 재원은 사실상 소수 선진국으로부터 집중적으로 온다.

3. 조직 구성

세계식량계획의 활동은 사무총장에 의하여 이루어진다. 사무총장은 유엔
사무총장과 식량농업기구 사무총장의 공동 선임절차를 거쳐 임명된다. 이는
세계식량계획이 유엔과 식량농업기구로부터 파생된 국제기구임을 반영한
다. 역대 사무총장의 경력과 출신국을 검토하면, 미국과 여성 중심성이 나타
난다. 총 9명의 사무총장 가운데 미국 국적의 사무총장이 5명이며(누적 근
무연수는 총 24년), 미국 국적의 사무총장 가운데 3명이 여성이다.[27] 1992

---

27) 1대 사무총장 Addeke Hendrik Boerma(1962~1967)은 네덜란드 농업 담당 공무원
으로 시작하여 농업식량기구에 근무하였었다. 그는 세계식량계획의 사무총장으로서
임기를 마친 후, 식량농업기구의 사무총장으로 선출되었다. 2대 사무총장 Franciso
Aquino(1968~1976)는 엘살바도르 출신으로 식량농업기구에서 근무한 후, 엘살바도
르에서 농업장관으로 근무하였고, 여러 국제기구에서 엘살바도르 대표자로 활동했었
다. 세계식량계획의 사무총장으로 근무하던 1975년 식량농업기구의 사무총장에 도전
하였다가 실패하였다. 3대 사무총장 Thomas C. M. Robison(1976~1977)은 미국 국
무성에서 근무하였고 식량농업기구를 포함한 여러 국제기구에서 미국을 대표하였다.
1962년부터 1969년 세계식량기구의 자원관리·회계국장으로 근무하였고, 1976년 사무
총장 대행, 1977년 사무총장으로 선임되었다. 4대 사무총장 Garson N. Vogel(1977~
1981)은 캐나다에서 곡물상인이었고 캐나다 밀 위원회(Canadian Wheat Board) 수

년 이후 미국 출신이 연속하여 세계식량계획의 사무총장을 역임하고 있다. 2대 사무총장Franciso Aquino(1968~1976)을 제외하면, 세계식량계획의 사무총장은 모두 서유럽과 북미 출신이다.

세계식량계획의 사무총장은 4국 7실로 구성된 조직을 운영한다. 이 가운데 자원관리·회계국Resource Management & Accountability Department: RM은 세계식량계획의 활동에 필요한 자원 조달과 회계를 담당하는데, 재무팀Finance & Treasury, 예산·기획팀Budget & Programing, 성과관리팀Performance Management & Monitoring, 혁신지원팀Business Innovation & Support, 관리지원팀Management Service으로 구성된다. 집행국Operations Services Department: OS은 전략계획팀Strategic Planning, NGO 협력팀NGO Partnership, 영양조언팀Senior Nutrition Advisor, 정보기술팀Information Technology, 조달팀Procurement, 물류팀Logistics, 정책·혁신팀Policy, Performance, & Innovation으로 구성된다. 정책·혁신팀은 브라질리아에 출장 사무소를 두고 있다. 집행관리국Operations Management Department은 긴급대응팀Emergency Preparedness, 양성평등실Gender Office, 현장안전팀Field Security, 지역사무소지원팀Regional Bureaux Support, 그리고 6개의 지역사무소(방콕, 카이로, 요하네스버그, 다카르, 나이로비, 파나마)로 구성된다. 협력국Partnership & Governance Services Department은 민간협력팀Private Sector Partnership, 정책조정·옹호팀Policy Coordination and Advocacy, 정부협력팀Government Partnership, 내부협력팀Interagency Partnership, 이사회 지원팀Executive Board Secretariat, 그리고 로마협력팀Rome-bssed Agencies & Committees on World Food Security으로 구성된다. 정부협력팀은 베를린, 북경, 두바이, 파리, 마드리드, 서울에 출장 사무소를 운영하며, 협력국 국장은 브뤼셀, 동경, 워싱턴, 런던, 제네바, 아디스아바바에 출장사무소를 운영

석집행위원장으로 근무하였다. 5대 사무총장 James C. Ingram(1982~1992)은 호주 직업 외교관 출신이다. 6대 사무총장 Catherine Bertini(1992~2002)는 미국 관료 출신으로 농업 분야를 오랫동안 담당하였었다. 7대 사무총장 James T. Morris(2002~2007)는 미국 인디애나폴리스에서 사업과 자선사업에 종사하였고 Lilly Endowment에서 근무하였었다. 8대 사무총장 Josette Sheeran(2007~2012)은 미국 관료 출신으로 농업 문제에 주로 종사했었다. 9개 사무총장 Ertharin Cousin(2012~현재)은 미국에서 기아관련 비정부기구에서 오랫동안 근무했었다.

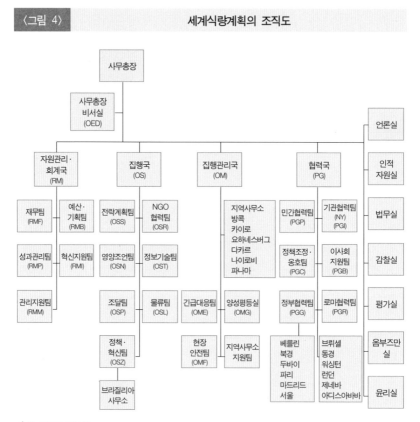

〈그림 4〉 세계식량계획의 조직도

자료: WFP 2014f

한다.

　세계식량계획 사무총장은 7개실을 직접 통제한다. 언론실Communication, 인적자원실Human Resources, 법무실Legal Office, 감찰실Inspection-General & Oversight Office, 평가실Office of Evaluation, 옴부즈만실Office of Ombusman, 그리고 윤리실 Ethics Office 이 사무총장의 지휘 아래 세계식량계획의 대내외 관련 업무를 지원한다.

4. 지배구조

세계식량계획의 모든 활동은 이사회의 감독 아래 이루어진다. 이사회는 유엔 경제사회이사회로부터 선출된 18개국 대표와 식량농업기구로부터 선출된 18개국 대표로 구성된다. 36개국이 선출되는 방식은 다음과 같다.

a) 8개국이 List A에 속한 국가로부터 선출되는데,[28] 경제사회이사회와 식량농업기구가 각각 4개국을 선출한다.

b) 7개국이 List B에 속한 국가로부터 선출되는데, 경제사회이사회가 4개국을, 식량농업기구가 3개국을 선출한다.

c) 5개국이 List C에 속한 국가로부터 선출되는데, 경제사회이사회가 2개국을, 식량농업기구가 3개국을 선출한다.

d) 12개국이 List D에 속한 국가로부터 선출되는데, 경제사회이사회와 식량농업기구가 각각 6개국을 선출한다.

e) 3개국이 List E에 속한 국가로부터 선출되는데, 경제사회이사회가 2개국을, 식량농업기구가 1개국을 선출한다.

f) 1개국이 List A, List B, 또는 List C에 속한 국가로부터 식량농업기구에 의하여 선출되는데, List A에 속한 국가는 2012년 1월 1일 이후 시작한 임기를 맡은 후 격임 임기를 맡으며, List B에 속한 국가는 2015년 1월 1일 이후 시작한 임기를 맡은 후 4번째 임기를 맡으며, List C에 속한 국가는 2021년 1월 1일 이후 시작한 임기를 맡은 후 4번째 임기를 맡는다.[29]

---

28) 세계식량계획은 회원국 187개국으로 5개 집단으로 구분한다. List A는 아프리카 국가로 구성되는데, 총 53개국을 포함한다. List B-1은 중동 국가로 구성되는데, 총 16개국을 포함한다. List B-2는 아시아와 태평양 도서 국가로 구성되는데, 총 35개국을 포함한다. List C는 중남미 국가로 구성되는데, 총 32개국을 포함한다. List D는 선진국 29개국을 포함한다. List E는 동유럽과 발칸 국가로 구성되는데, 총 22개국을 포함한다.

29) World Food Programme, "Distribution of Seats," http://www.wfp.org/(검색일:

세계식량계획 이사회는 (1) 식량원조 정책을 조율하며, (2) 세계식량계획의 모든 활동을 감독하며, (3) 사무총장이 제출한 사업의 승인 여부를 결정하며, (4) 세계식량계획의 활동을 식량농업기구와 경제사회이사회에 보고한다.[30] 세계식량계획 이사회가 최고 결정기관이지만 이사회 구성원이 36개국으로 확장되어 의사결정과정이 길어지면서, 많은 권한이 사무총장에게 위임되었다. 이사회는 예외적으로 중요한 사업을 결정하는 역할을 담당한다.

이사회 결정 방식은 만장일치를 선호한다. 특정 안건에 대하여 만장일치를 이룰 수 없을 경우에는 대부분 재적 과반수 참석 중 과반수 찬성으로 결정이 이루어진다. 식량농업기구 및 다른 유엔 기관과의 협업, 의제 변경, 의사결정방식의 정지와 변경이 안건일 경우 재적 2/3 참석과 참석 중 2/3 찬성이 필요하다. 표결이 이루어질 경우, 거수를 통한 의사표현이 일반적이지만, 극히 예외적 요청에 의해서 호명투표가 진행될 수도 있다.[31] 이사회가 복잡한 의사결정규칙을 가지고 있지만 사실상 주요한 의사결정과정은 막후 사전협의를 통하여 조율되기 때문에, 눈에 보이지 않는 의사결정과정이 훨씬 더 중요하다.

V. 결론

세계식량계획의 탄생은 미국 국내정치의 맥락에서 이해되어야 한다. 1940년대부터 본격화된 식량과잉을 미국은 식량원조를 통하여 해결하려고

2014.6.30).

30) WFP General Rules of Procedure, Article 6.

31) Rules of Procedure of the Executive Board of the World Food Programme Rule IX.

하였다. 양자 식량원조에 대한 비판이 제기되자, 미국은 다자기구를 통한 식량원조를 유엔에 투영함으로써 국제사회의 비판을 피하면서 식량원조의 양을 늘이고자 하였다. 당시 식량원조를 필요로 하는 많은 국가들은 양자간 식량원조의 정치적 부담을 다자기구를 통하여 벗어나고자 미국이 주도한 세계식량계획에 동의하였다. 미국은 세계식량계획의 재원을 40% 이상 제공하는데 기반하여, 세계식량계획이 미국의 정책적 목표를 달성할 수 있도록 세계식량계획의 운영 양식을 만들었다.

세계식량계획은 잉여농산물로 식량부족 문제를 해결하는 주요 업무를 수행하면서도, 개발도상국의 요구를 수용하여 개발도상국으로부터 수매, 수원국의 농업생산성을 높이는 사업 등도 수행하고 있다. 이는 개발도상국이 세계식량계획의 다수를 차지하는 현상을 반영하지만, 실질적으로 개발도상국에 유리한 사업이 차지하는 비중은 여전히 10%를 넘지 못하고 있다. 세계식량계획이 출범 당시 잉여농산물 문제를 가지고 있던 국가의 영향력은 세계식량계획 활동, 의사결정과정, 인선 등 여러 곳에서 확인된다. 2006년 이후 잉여농산물 문제가 사실상 사라졌지만, 세계식량계획의 출범 당시 흔적은 여전히 남아 있다.

식량과잉이 해소된 1970년대 이후 미국은 세계식량계획을 미국의 정책목표를 달성하기 위한 수단으로 활용하고 있다. 1970년대 동남아시아 개입, 1970년대 동아시아와 남미에서 반공산주의 활동, 1990년대 민주주의 확산, 2000년대 반테러 전선을 구축하는 과정에서 세계식량계획은 행정부로 하여금 미국 국내법과 의회의 구속을 벗어난 상태에서 외교정책을 수행하는 도구였다. 또한, 적성국과의 관계개선을 모색할 때, 미국 국내정치적 반대를 우회할 수 있는 통로였다. 예를 들어, 1990~2000년대 미국 행정부는 대표적 적성국인 북한에 세계식량계획을 통하여 식량원조를 함으로써 북한과의 관계를 개선하려는 작업을 시도하였다.

[사례 2] 미국 정책수단으로서 세계식량계획

세계식량계획은 국제기구에 의하여 만들어진 파생^{emanated} 국제기구로 미국의 영향력이 모국제기구인 식량농업기구에서보다 더 강력하게 작동한다.[32] 이 절은 미국이 세계식량계획을 정책목표 달성의 수단으로 사용할 수 있게 만든 요인과 미국이 세계식량계획을 수단으로 활용하는 사례로서 미국의 대북한 식량지원을 검토한다.

1. 미국 영향력의 배경

미국의 증여품이 세계식량계획의 예산에 차지하는 비중이 바로 미국의 영향력 원천이다. 세계식량계획이 1962년부터 1965년까지 한시적으로 작동할 때, 목표 재원이 1억 달러였다. 미국은 4천만 달러에 상당하는 현물과 천만 달러에 상당하는 화물운송 용역과 현금을 제공함으로써, 미국의 증여분이 차지하는 비중을 50%에 맞추었다. 세계식량계획이 목표 모금액을 채우지 못함에 따라, 미국이 세계식량계획의 예산에서 차지하는 비중이 50%를 상회하였다. 1965년 세계식량계획이 상설 국제기구로 결정될 때, 1966년부터 1968년 사이 세계식량계획의 목표 예산 2억 7천5백만 달러 가운데 미국이 1억 3천만 달러에 상응하는 현물, 현금, 용역을 증여하기로 공약하였다. 이후에도 미국의 증여가 세계식량계획의 예산에서 차지하는 비중은 항상 40%를 상회하였다.

---

32) 파생 국제기구는 전체 국제기구 중 약 70%를 차지한다. 파생 국제기구가 국제기구의 의결과정을 거쳐 만들어지기 때문에, 일반적인 경우 강대국의 영향력이 줄어든다 [Cheryl Shanks, Harold K. Jacobson, Jeffrey H. Kaplan, "Inertia and Change in the Constellation of International Governmental Organizations, 1981~1992," *International Organization 50-4* (1996), p.600].

미국이 증여품을 세계식량계획에 제공하는 방식 또한 세계식량계획에서 미국의 영향력으로 이어진다. 세계식량계획이 처음 시작할 때부터 세계식량계획의 재원은 회원국이 자발적으로 제공하는 현물을 포함하고 있다. 증여국이 세계식량계획에 제공하는 현품의 종류와 양을 일방적으로 정하는 수준을 넘어 증여한 물품이 제공되는 대상까지 관행적으로 지정할 수 있었다. 따라서 세계식량계획은 미국의 양자 식량원조에 다자기구의 포장을 덮었다고 해도 과언이 아니다. 증여 단계에서 미국은 이미 사용처를 확인한 상태이기 때문에, 세계식량계획의 재량 또는 결정권이 매우 약할 수밖에 없다.

2003년 미국 정부와 세계식량계획이 공동으로 마련한 실행절차United States Government and the World Food Programme Standard Provisions for Title 2 Grant Agreements는 미국이 세계식량계획의 활동을 심하게 통제하고 있음을 선명하게 보여준다. 세계식량계획의 의무를 규정한 4장은 세계식량계획의 활동계획을 설정하는 단계에서부터 미국이 제공하는 현물과 현금이 세계식량계획과 미국 국제개발처United States Agency for International Development가 "상호 합의한 활동"에 사용될 수 있도록 해야 한다고 규정한다(4장 A조). 미국이 제공한 물품과 현금의 사용에 관하여 세계식량계획이 보고를 해야 하며(4장 B조), 세계식량계획은 이사회 결정에 따라 모든 증여품이 사용되어야 한다(4장 D조). 세계식량계획이 식량원조를 제공한 후 수원국이 식량원조품을 팔아 재원을 마련할 경우, 재원 사용에 대하여 엄격한 제한을 받는다(4장 E조). 미국 정부와 세계식량계획이 합의한 실행절차를 보면, 미국은 세계식량계획의 활동을 첫 단계부터 사후 보고까지 통제할 수 있다.

미국이 세계식량계획의 활동을 통제하는 또 다른 수단은 이사회이다. 세계식량계획의 이사국은 유엔 경제사회이사회와 식량농업기구로부터 동수로 선출되는데, 미국은 두 국제기구로부터 번갈아 가면서 이사국으로 선임되고 있다. 미국의 재정적 기여가 미국으로 하여금 세계식량계획에 참여할 수 있도록 하며, 이사회에서 미국의 존재는 미국의 국내정책 목표가 세계식량계획으로 투영될 수 있는 바탕이 된다.

2. 미국의 대북 식량지원

유엔식량농업기구가 북한 당국이 공개한 자료에 기반하여 정리한 통계에 따르면 북한의 식량생산은 1994년까지 양호한 편이었다. FAO의 통계에 따르면 1993년까지 북한의 식량생산은 증가하는 추세였다. 옥수수의 생산량이 점차 증가하는 추세였고, 쌀의 생산량은 1990년대 초반 급격히 증가하였다. 감자, 보리, 밀 등의 생산량도 점차 증가하는 추세였다. 1980년 한파 이후 북한 지방의 평균 온도가 상승하면서 곡물의 성장에 좋은 조건이 마련되었기 때문이다.[33] 식량 사정이 가장 좋았던 1993년 북한의 곡물 생산이 900만 톤을 상회하였다. FAO의 자료가 정확하다면, 1990년대 초반 북한은 자급자족을 할 수 있을 정도로 충분한 곡물을 생산하였다.

북한의 식량생산은 1994년부터 하향 추세로 접어들었다. 특히 1995년 곡물 생산이 급감하는데, 이는 홍수와 관련되어 있다. 1996년 최저점에 도달한 후 1997년까지 대흉년이 지속되었다. 이 시기 북한에서 대기근이 발생했다. 1998년부터 1999년까지 회복기에 접어들었지만, 최대 생산량의 반에도 미치지 못하였다. 2000년 다시 흉년을 경험했고, 2007년에도 상대적으로 작황이 나빴다. 정리하면, 1995년 이후 북한의 식량생산은 북한주민의 생존에 필요한 최소 수준에도 미치지 못했다. 북한의 기근은 정도의 차이만 있을 뿐 피할 수 없게 되었다.

기근에 노출된 북한주민을 위하여 국제사회는 1995년 이후 식량난을 겪고 있는 북한에게 식량을 대규모로 지원했다. 한국은 1990년대 후반 소극적으로 지원하다가 2000년대 초반과 중반 최대 지원국이 될 정도로 대규모 지원을 했다. 반면 2008년 이후 남북관계가 경색되면서 식량지원을 중단시켰다. 미국은 1990년대 후반 대규모 지원을 하여 최대 지원국이었지만, 2001년 지원 규모를 줄여 2006년과 2007에는 전혀 하지 않았다. 2008년 지원을 재개하려고 하였지만, 북한 핵문제를 둘러싼 갈등이 강화되면서 지원을 끊

---

33) 지구온난화로 북한에서는 곡물을 생산하는 데 유리한 환경이 만들어졌다.

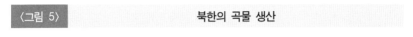

〈그림 5〉 북한의 곡물 생산

(단위: 천 톤)

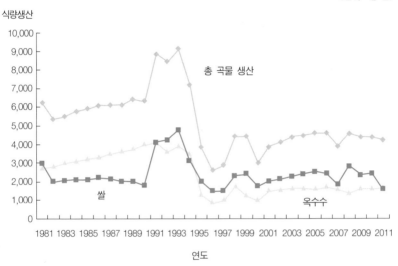

자료: WFP/FAO/UNICEF, Special Report: Rapid Food Security Assessment Mission to the Democratic People's Republic of Korea(24 March 2011), http://home.wfp.org/stellent/groups/public/documents/ena/wfp233442.pdf(검색일: 2014.6.30), pp.14-16; FAO/WFP, Special Report: Crop and Food Security Assessment Mission to the Democratic People's Republic of Korea(16 November 2010), http://reliefweb.int/sites/reliefweb.int/files/reliefweb_pdf/node-375024.pdf(검색일: 2014.6.30), pp.7-8

었다. 일본은 1995년 최대 지원국이었고, 북일 관계정상화를 논의하던 2001년 대규모 지원을 했지만, 2006년 이후 지원을 거의 끊었다. 유럽연합은 북한 식량위기가 정점에 달했던 1990년대 후반 대규모로 지원을 했지만, 2000년대 지원 규모를 점차 줄였다. 북한의 우방국인 중국은 1990년대 중반부터 2001년까지 지원 규모를 증가시켰다. 이후 점차 지원 규모를 줄이다가 2005년 다시 대규모 지원을 했다. 2006년 다른 나라의 대북 지원이 줄자 중국이 최대 지원국이 되었다.

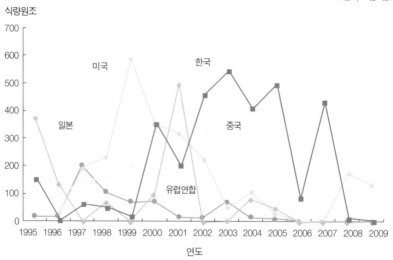

| 〈그림 6〉 | 주요국의 대북 식량원조 |

(단위: 천 톤)

자료: World Food Programme, "Food Aid Information System," http://www.wfp.org/(검색일: 2014.6.30); United States Agency for International Development, U.S. Overseas Loans and Grant(Green Book), http://gbk.eads.usaidallnet.gov/(검색일: 2014.6.30)

〈그림 6〉에서 "미국"은 세계식량계획을 통한 원조를 의미한다. 국제기구들이 발행하는 대북 식량지원 자료에서는 "World Food Programme"이라고 표현되고 있는데, 이는 사실상 미국의 원조이다. 미국 국제개발처USAID가 제공하는 미국 원조 현황을 보면, 미국이 1996년부터 2010년까지 Title 2 범주 안에서 세계식량계획을 통하여 북한에 식량을 제공했다. 세계식량계획과 식량농업기구Food and Agricultural Organization: FAO 등 국제기구의 자료를 보면, 세계식량계획이 미국 국제개발처 자료에 명시된 동일한 원조 규모로 식량을 북한에 제공되었다. 미국 국제개발처가 제공하는 원조 자료를 세밀하게 검토하지 않으면, 미국, 세계식량계획, 북한으로 이어지는 식량의 흐름을 파악할 수 없다.

미국은 왜 북한에 식량지원을 하면서도 이를 알리지 않을까? 이 질문에 대한 답은 외교정책을 수행하는 과정에서 행정부의 재량과 관련되어 있다. 미국 의회는 예결산과 관련된 모든 업무를 통제한다. 미국 의회는 미국의 식량원조가 "우호국"에게 제공된다는 식량지원법에 의하여 행정부의 대북 식량지원에 관여할 수 있기 때문이다. 미국 연방정부가 대북 식량원조를 하려 한다면, 북한이 미국에게 적성국이기 때문에, 심각한 의회의 반대를 예상하여야 한다. 하지만 미국이 세계식량계획과 대북 식량지원을 사전에 협의한 상태에서 세계식량계획에 식량을 증여품으로 제공하고 세계식량계획이 대북 식량지원을 한다면, 미국이 적성국에게 식량원조를 한다는 비판으로부터 자유로울 수 있다. 미국이 강한 영향력을 행사하는 국제기구는 미국 대외정책의 통로로서 활용될 수 있다.

📖 Charlton, Mark W. "Innovation and Inter-Organizational Politics: The Case of the World Food Programme." *International Journal* 47-3. 1992.

이 논문은 세계식량계획이 식량농업기구의 파생국제기구로서 출범했지만 식량농업기구로부터 독자성을 확보하고 다른 국제기구와 협업을 통하여 식량 문제의 해결에 기여하게 되는 과정을 분석한다. 이 논문은 세계식량계획이 1960년대 잉여식량과 원조를 결합하는 미약한 기구로서 출범했지만 1976년 세계식량회의(World Food Conference)에서 식량원조의 흐름을 조정하는 역할을 맡은 후, 파생국제기구의 한계를 넘어 최대 인도적 구호기관으로 성장하는 과정을 효과적으로 드러낸다.

📖 Food Trade and Nutrition Coalition. "Dumping Food Aid: Trade or Aid?(April 2005)." http://www.wto.org/english/forums_e/ngo_e/posp 47_dumping_food_aid_e.pdf.

이 글은 식량원조가 수원국 농업발전에 부정적 영향을 미치며 수원국의 식량의존성을 강화하는 측면을 조명한다. 또한 식량원조의 60%가 조건이 달린 형태로 제공되기 때문에, 수원국이 이를 자국 상황에 맞추어 활용할 수 없는 단점도 제기한다. 이 글이 제기하는 단점을 비판적으로 검토할 필요성이 있다. 식량원조에 조건이 부가되는 것은 식량 수원국의 내부 부패와 관련되어 있으며, 수원국의 식량의존성은 긴급 구호를 받고도 식량 문제를 해결하지 못하는 수원국의 내부 문제와 관련되어 있기 때문이다.

📖 Ingram, James. *Bread And Stones: Leadership and the Struggle to Reform the United Nations World Food Program*. Charleston, SC: BookSurge Publishing, 2006.

이 책은 세계식량계획이 식량원조기관에서 인도적 구호기관으로 변모
하는 길목에서 내부 저항을 극복하는 과정을 기술한다. 이 책의 저자
는 세계식량계획의 사무총장으로서 세계식량계획의 개혁을 주도하였
고 그 경험을 책에 담았다. 국제기구의 환상 뒤에 있는 실상을 알리는
데 기여한다.

📖 Shaw, D. John. *The UN World Food Programme and the Develop-
ment of Food Aid*. New York, NY: Palgrave Macmillan, 2001.

이 책은 선진국이 식량과잉을 겪는 반면 개발도상국은 식량부족으로
고통을 받던 1950~60년대 상황에서 "평화를 위한 식량 계획(US Food
for Peace Programmes)" 책임자였던 맥거번(George McGovern)의
구상이 식량원조를 담당하는 다자국제기구로서 세계식량계획이 만들
어지는 과정을 상세히 묘사한다. 다자식량기구로서 세계식량계획이
거둔 성공과 부정적 영향도 상세히 검토한다.

📖 Shaw, D. John. *The World's Largest Humanitarian Agency: The
Transformation of the UN World Food Programme and of Food
Aid*. New York, NY: Palgrave Macmillan, 2011.

이 책은 미국이 식량과잉 문제를 해결하는 방책으로 세계식량계획을
만들어 가는 과정과 세계식량계획이 식량원조기관에서 인도적 구호를
담당하는 기관으로 변모하는 과정을 상세히 묘사한다. 저자가 약 30
년 동안 세계식량계획에서 근무하였기 때문에 세계식량계획에 대한
애정을 가지고 있다는 점을 고려해서 비판적으로 읽을 필요가 있지만,
세계식량계획의 역할 변화에 관한 묘사가 매우 치밀하다는 장점을 가
지고 있다.

제3장

유엔 환경계획

이왕휘

Ⅰ. 서론

19세기 말 이후 환경 문제를 국제적 차원에서 다루는 노력들이 꾸준히 증가해왔다. 환경 문제를 관리하고 해결하기 위한 국가간 조약―양자 및 다자 모두―의 수가 점진적으로 늘어났으며 환경 보호에 관심을 두는 비정부기구^{NGO}들도 등장하였다. 반면 환경 문제를 전담하는 정부간기구^{IGO}는 20세기 전반까지 출현하지 않았다. 1919년 창설된 국제연맹도 환경 문제에 대한 고려를 하지 않았으며, 당시 국제적으로 활동하고 있었던 동물협회 Zoological Society와 국제해양탐사위원회^{ICEC}와 같은 NGO도 국제연맹의 직능 기구로 인정하지 않았다. 국제연맹의 후신인 유엔^{UN}의 설립 이후에도 이러한 추세가 일정 기간 지속되었다.[1]

그렇다고 해서 환경 IGO가 없었던 것은 아니다. 그러나 20세기 전반까지

---

[1] John W. Meyer, David John Frank, Ann Hironaka, Evan Schofer and Nancy Brandon Tuma, *The Structuring of a World Environmental Regime, 1870~1990*, International Organization 51-4(1997); Ronald B. Mitchell, *International Environmental Agreements: A Survey of their Features, Formation, and Effects*, Annual Review of Environment and Resources 28(2003); Wesley Longhofer, and Evan Schofer, "National and Global Origins of Environmental Association," *American Sociological Review* 75-4(2010).

환경 문제를 다루는 대부분의 IGO들은 양자간 및 다자간 조약에 기반을
두고 있어 세계적 차원의 환경 문제를 체계적으로 대응하기에 충분한 조직,
재정 및 정보를 확보한 국제기구라고 보기 어려웠다. 환경 문제를 전담하는
본격적인 국제기구는 오존층 파괴, 온실효과, 기후변화의 징후가 과학자들
에 의해 관측되어 환경오염이 생태계에 미치는 영향에 대한 관심과 우려가
국제적으로 확산된 20세기 후반에 폭발적으로 증가하였다. 이런 분위기 속
에서 유엔은 1970년대 초 초국적 차원에서 환경 문제를 전담하는 유엔 환경
계획이하 UNEP을 설립하여 세계적 차원에서 환경 문제를 해결하는 데 중요한
기여를 해왔다.

이런 배경에서 이 글은 가장 대표적인 환경 국제기구로서 UNEP의 역사,
조직 및 활동을 검토한다. 더 나아가 이 글은 UNEP의 성과를 평가하기 위
해 현재 추진 중인 기후변화협약에 대한 국제협상을 분석한다. 1988년 세계
기상기구와 함께 기후변화에 대한 정부간 패널Intergovernmental Panel on Climate
Change: IPPC을 창설한 이후 기후변화는 UNEP가 추진하는 과제들 중에서 가장
중요한 것으로 평가되고 있다. 동시에 기후변화협약은 환경은 물론 안
보·경제·산업에 미치는 영향이 커서 국제정치경제적으로도 가장 논란이
되는 쟁점들 중의 하나로 남아 있다. 이런 점들을 고려할 때 기후변화협약
협상은 UNEP의 성과와 한계를 검증하는 데 기여할 수 있다.

이하 이 글의 구성은 다음과 같다. 2절에서는 UNEP의 기원, 활동, 조직,
자체 발간한 자료를 중심으로 개관한다. 3절에서는 UNEP 설립 후 40년간
의 성과와 한계를 지구환경거버넌스의 관점에서 평가한다. 마지막으로 결론
에서는 논의를 요약하고 정책적 함의를 제시한다. 최근 지구환경거버넌스 동
향을 이해하기 위해 기후변화기본협약UN Framework Convention on Climate Change:
UNFCCC의 당사국 총회에서 도출된 교토 의정서 및 코펜하겐 합의에 대한
사례연구를 부록으로 첨부하였다.

II. 환경 문제의 국제화

자연이 더 이상 스스로 자정할 수 없는 오염으로부터 발생하는 환경 문제는 문명의 역사와 함께 존재했다고 할 수 있다. 그러나 환경 문제가 국경을 넘어 초국적 갈등과 분쟁의 대상으로 발전한 시점은 본격적인 산업화의 결과로 수질·대기·토양 오염이 악화된 19세기 이후부터라고 할 수 있다. 당시 오염으로 인한 생태계 파괴를 막기 위한 자연보호단체로 영국의 왕립조류보호협회Royal Society for the Protection of Birds: 1889년, 미국의 시에라클럽Sierra Club: 1892년 등이 설립되었다. 20세기에 들어서는 초국가적 협력이 점차적으로 증대하여, 아프리카에서 활동하는 영국과 미국 자연보호운동가들이 협력한 제국 야생동물보호협회Society for the Preservation of the Wild Fauna of the Empire: 1903년, 미국과 캐나다 사이의 수자원 갈등을 해결하기 위해 체결한 국제경계수역조약International Boundary Waters Treaty의 유엔위원회International Joint Commission: 1909년, 염소화합물Chloride 오염을 규제하기 위해 1950년 설립된 국제라인강보존위원회International Commission for the Protection of the Rhine ICPR 등이 창설되었다. 20세기 후반에는 그린피스 인터내셔널Greenpeace International: 1970년, 지구감시망Earth Watch: 1971년, 열대우림행동네트워크Rainforest Action Network: 1985년와 같은 NGO들이 국제적 차원에서 활발하게 활동하였다.

환경 비정부기구들의 급속한 발전과 달리, 환경 문제를 전담하는 본격적인 정부간기구는 1960년대까지 등장하지 않았다. 유엔 설립 이후도 환경 IGO는 크게 증가하지 않았다. 그렇다고 해서 유엔체제 전반에서 환경 문제에 대한 관심이 전혀 없었던 것은 아니었다. 1948년 창설된 국제자연보존연맹International Union for Conservation of Nature and Natural Resources은 유엔 교육과학문화기구UNESCO가 개최한 국제회의에서 비롯되었다. 이 연맹에는 각국 정부뿐만 아니라 NGO들도 참여하고 있었다. 이후에도 1949년 '자원의 보존과 이용에 관한 유엔 과학회의,' 1968년 '생물권 자원의 합리적 이용과 보존을 위한 과학적 기초에 관한 유네스코 전문가회의,' 해양오염과 해양생물자원의 남획이 가져오는 피해를 논의한 유엔 식량농업기구^{FAO}의 1970년 기술회의 등이 유엔체제의 틀 내에서 환경 문제를 논의한 사례들이다. 이런 움직임에도 불구하고 환경 문제는 유엔체제의 차원에서 고려되지 않았다. 환경 문제는 각 전문기구들의 의제에 개별적으로 반영되고 있었을 뿐이다. 대기오염에 대해서는 WHO, WMO, ICAO, FAO, UNESCO 및 IAEA, 해양오염에 대해서는 IMO(IMCO), WHO, FAO, UNESCO 및 IAEA, 자연자원의 육상이용과 보존에 대해서는 FAO와 UNESCO가 각각 관할하고 있었다.[2]

반면, 1960년 말 이후 시에라클럽^{Sierra Club}, 세계야생물기금^{World Wildlife Fund}, 지구의 친구들^{Friends of the Earth}, 그린피스과 같은 NGO의 적극적인 활

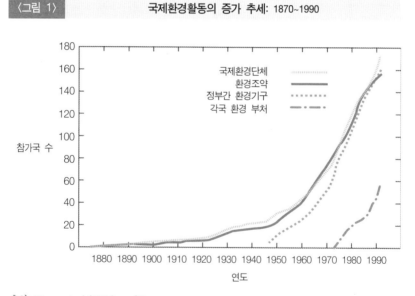

〈그림 1〉　　　　국제환경활동의 증가 추세: 1870~1990

출처: Meyer et al.(1997), p.625

---

2) Peter S. Thacher, "The Role of United Nations," in Andrew Hurrell and Benedict Kingsbury (eds.), *The International Politics of the Environment* (Oxford: Clarendon Press 1992); 박병도, "유엔을 통한 국제환경법의 발전," 『국제법학회논총』 통권 82권 (2)호(1997).

동으로 환경오염에 대한 인식이 국제적으로 확산되면서, 환경 법안을 자체적으로 도입하는 국가들이 등장하였다. 예를 들어 미국은 1969년 위험에 처한 종법Endangered Species Act과 국가환경정책법 및 1972년 해양포유동물보호법, 캐나다는 1970년 북극수질오염방지법, 영국은 1971년 청정대기법과 유류오염방지법 등을 제정하였다. 이런 노력들의 결과 〈그림 1〉에서 보이듯 환경 문제를 전담하는 부처를 신설한 국가의 수가 1970년대 이후 급속히 증가하였다.

III. UNEP: 기원과 탄생

환경 문제에 가장 적극적 관심을 보여주었던 스웨덴 정부는 1960년대 말 인간환경에 대해 유엔 차원의 논의 필요성을 제기하였다. 스웨덴 정부의 제안에 유엔 경제사회이사회는 1968년 '인간환경문제'를 총회 의제로 제출하는 결의를 채택하였다.[3]

당시 유엔 회원국들 모두가 환경 문제의 중요성에 동의하고 있었던 것은 아니었다. 특히 제2차 세계대전 이후 독립한 신생 개발도상국들에게 최우선 과제는 경제 개발이었다. 이런 맥락에서 선진 산업국가들이 제기한 환경 문제는 개발도상국가들의 전폭적인 지지를 받지 못했던 것이다. 이 문제를 극복하기 위해 인간환경문제 총회 준비를 맡은 모리스 스트롱Maurice Strong은 '환경'과 '개발'의 관계에 대한 연구 용역을 스위스 제네바에 있는 사우스센터South Centre에 의뢰하였다. 1971년 스위스 푸넥스Founex에서 열린 연구 결과 발표회에 참가한 국제기구, 각국 정부, 과학자는 환경과 개발의 공존을

[3] 이하 UNEP의 역사에 대해서는 Stanley Johnson, *UNEP The First 40 Years; A Narrative*(United Nations Environment Programme, 2012)에 의거하였다.

위한 방안에 대한 공감대를 확인하였다. 이 회의 이후 개발도상국들도 환경 회의에 적극적으로 참여하는 쪽으로 정책방향을 선회하였다.

이런 노력은 1972년 스톡홀름에서 '하나뿐인 지구'를 주제로 개최된 유엔 인간환경회의United Nations Conference on the Human Environment로 귀결되었다. 총 113개 국가와 3개 국제기구, 257개 NGO가 참여한 이 회의의 중요성은 이후 이 회의가 시작된 6월 5일이 '세계환경의 날'로 제정되었다는 사실에서 반영되어 있다. 환경 문제를 둘러싼 갈등이 인류의 존립을 위협할 수 있는 수준에 도달하였다는 인간환경선언을 채택한 1972년 제27차 유엔총회 결의안UN General Assembly resolution 2997(XXVII) of 15 December 1972에 따라 환경 문제를 전담하는 유엔 산하 기구로서 UNEP가 설립되었다 이로써 유엔체제 내의 다양한 국제기구들이 관여하고 있는 환경 문제들이 UNEP를 통해 체계적으로 논의될 수 있는 체계가 확립되게 되었다.

IV. UNEP: 활동과 조직

1. 관할영역

〈표 1〉에 요약되어 있듯이, 설립 이후 UNEP는 다양한 국제회의와 선언을 통해 지구 환경의 현명한 사용과 지속가능한 발전을 장려하는 촉매, 지지자, 교육자 및 촉진자로서 중추적인 역할을 수행해 왔다.

이러한 UNEP의 활동은 크게 세 가지로 구분될 수 있다. 첫째는 환경 상태와 추세를 지구적·지역적 및 국가적 차원에서 평가하는 것이다. 두 번째는 환경 문제를 해결하는 데 필요한 국제적 및 국가적 수단들을 계발하는 것이다, 마지막은 환경의 현명한 관리를 위한 제도를 강화하는 것이다. 이를 위해 UNEP는 조기 경보 및 평가, 정책 개발 및 입법, 환경정책 실행,

〈표 1〉	주요 회의와 선언

2013	유엔환경계획 제27차 집행이사회와 세계환경장관회의(GC/GMEF) 개최
2012	유엔기후변화협약 제18차 당사국총회
	CCAC(Climate and Clean Air Coalition) 발족
2011	유엔기후변화협약 제17차 당사국총회 개최
	유엔환경계획 제26차 집행이사회와 세계환경장관회의(GC/GMEF) 개최
2010	생물다양성협약 제10차 당사국총회(CBD10) 개최
	유엔기후변화협약 제16차 당사국총회/교토의정서 제6차 당사국총회(COP16/CMP6) 개최
2009	유엔기후변화협약 제15차 당사국총회 개최
	유엔환경계획 제25차 집행이사회와 세계환경장관회의(GC/GMEF) 개최
2008	10차 특별집행이사회 및 세계환경부장관 포럼
2007	제13차 기후변화협약 당사국총회, 발리로드맵 채택
	기후변화 정부간위원회(IPCC) 4차 보고서 출간
2005	교토의정서 발표
	기술지원과 역량강화를 위한 발리전략계획 승인
2002	지속가능한발전에 관한 세계정상회의(WSSD) 개최
2001	잔류성 유기오염물질에 관한 스톡홀름협약 체결
2000	유엔, 새천년개발목표(MDGs) 발표
	세계환경장관포럼 개최, 말뫼선언 채택
	생물안정성에 관한 카르타헤나의정서 채택
1998	유해화학물질 사전 통보 승인조약 체결
1997	나이로비선언 채택
1992	육상에서 기인한 오염물질로부터 해양환경 보호를 위한 지구행동계획 발표
	유엔기후변화협약 체결
	생물다양성협약 체결
	유엔환경개발회의(UNCED) 개최, 리우 선언 채택, 의제21 채택
1989	유해폐기물의 국가 간 이동에 관한 바젤협약 체결
1988	기후변화 정부간위원회(IPCC) 창설
1987	오존층 파괴물질에 관한 몬트리올 의정서 체결
1985	오존층 보호를 위한 비엔나협약 체결
1979	이동성 야생동물 중 보존에 관한 협약 체결
1975	지중해행동계획 발표
1973	멸종위기에 처한 야생동식물의 국제거래에 관한 협약(CITES) 체결
1972	UNEP 창설

출처: http://www.unep.or.kr/sub/sub01_02.php(검색일: 2014.7.30)

기술·산업·경제학, 지역협력, 의사소통 및 정보공개, 지구환경기금 협조를 그 임무로 규정하였다.

현재 UNEP가 추진하는 중점 과제는 6개로 구분될 수 있다. 첫째는 기후변화이다. 국가들─그중에서도 특히 개발도상국가들─의 개발과정에서 기후변화 대응책을 통합할 수 있는 능력을 강화하는 것이다. 둘째는 재난과 분쟁이다. 현존하는 것뿐만 아니라 잠재적인, 자연적 그리고 인위적 재난들의 환경적 원인들과 결과들로부터 기인하는 인간복지에 대한 위협을 최소화하는 것이다. 셋째는 생태계 관리다. 인간복지를 강화하기 위해 보존과 지속가능한 사용을 촉진하도록 토지, 물 및 생명자원들을 총체적으로 관리하는 생태적 접근법의 활용을 보장하는 것이다. 넷째는 환경거버넌스이다. 우선적으로 해결되어야 할 환경 문제를 해결하기 위해 국가·지역·지구적 수준의 환경거버넌스와 상호작용을 강화되어야 한다. 다섯째, 유해물질이다. 유해물질과 유해폐기물의 환경과 인간에 대한 영향을 최소화하는 것이다. 마지막으로 자원효율성이다. 천연자원이 더 지속가능한 방식으로 생산·처리·소비될 수 있도록 지구적 차원의 노력을 강화하는 것이다.

이런 중점과제들 이외에도 UNEP는 현재 여러 가지 프로젝트들을 동시에 추진하고 있다. 우선 녹색경제 계획Green Economy Initiative의 주창자로서 UNEP는 정책·투자·지출이 청정기술, 재생에너지, 수자원 서비스, 녹색교통, 폐기물관리, 녹색건축 및 지속가능한 농업과 임업과 같은 분야로 재조정되고 재집중되도록 지원하고 있다. 다음으로 UNEP는 새천년개발목표Millennium Development Goals의 달성을 위해 친환경적 정책결정에 필요한 정보의 생산 능력 구축과 같은 환경적 조건과 추세의 평가를 지지하고 있다. 2012년 브라질에서 열린 유엔 지속가능한 발전 회의(Rio+20)에서 재확인된 경제적 진보, 사회적 발전 및 환경 보호를 포괄하는 의제들을 추진하기 위해 UNEP는 조직의 강화와 개선을 추진하고 있다. 이런 맥락에서 UNEP는 2015년 이후 개발의제Post 2015 Development Agenda의 구체화를 위해 다양한 이해관계자들과 협의를 계속해나가고 있다.

2. 재원조달 방식

UNEP의 예산은 환경기금, 신탁 및 목적 기여, 정규 예산 및 프로그램 지원 비용^{OTA} 으로 구분된다. 그중 유엔이 집행이사회 및 사무국의 운영경비를 정기적으로 지원하고 있지만, 〈그림 2〉에서 보이듯이 그 비중은 전체 예산에서 아주 작다.

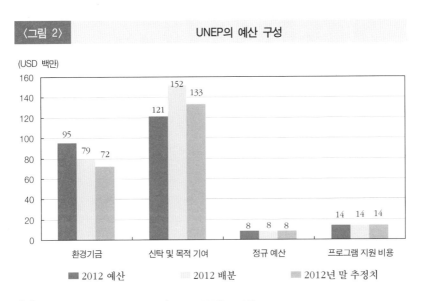

〈그림 2〉 UNEP의 예산 구성

출처: UNEP, *Annual Report 2012* (UNEP, 2013), p.113

인간환경회의 행동계획의 이행은 회원국들의 자발적 기부에 의해 조성된 환경기금과 신탁기금 및 목적 기여에 크게 의존하고 있다. 〈그림 3〉, 〈그림 4〉에서 보이듯이, 이 기금들을 주요 기부자는 주로 서유럽 선진국들이다.

이런 재정 취약성 문제를 해결하기 위해 UNEP는 콜롬비아 카르테헤나에서 열린 UNEP 제7차 특별집행이사회/지구환경장관포럼에서 2년 주기의 자발적 분담비율^{voluntary indicative scale of contributions} 에 기초한 분담금 책정방식

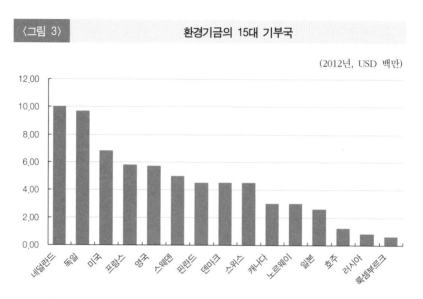

〈그림 3〉 환경기금의 15대 기부국

(2012년, USD 백만)

출처: UNEP, *Annual Report 2012*(UNEP, 2013), p.114

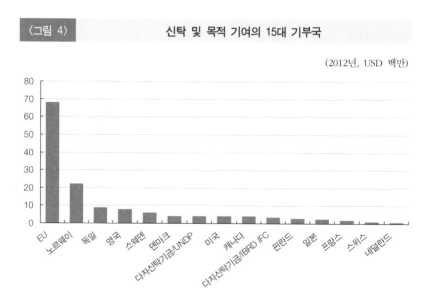

〈그림 4〉 신탁 및 목적 기여의 15대 기부국

(2012년, USD 백만)

출처: UNEP, *Annual Report 2012*(UNEP, 2013), p.115

채택을 채택하였다. 유엔체제의 여러 전문기구들에게도 채택된 이 제도는 당시 예산 전체가 아닌 환경기금^{Environment Fund}에만 적용이 되었다.⁴⁾

3. 조직 구성

1) 유엔체제 속에서 UNEP의 위상

유엔총회 결의에 의해 설립되었지만, UNEP는 집행기관도 아니며 법적 근거도 확실하지 않다. 이러한 특성은 조직 구조에 반영되어 있다. 첫째, 〈그림 5〉에서 알 수 있듯이 UNEP는 유엔체제 내에서 환경 문제에 관여하는 다양한 기구들의 네트워크 속에서 허브에 위치해 있다. 즉 UNEP는 각종 유엔 기구들의 환경 문제에 대한 논의를 조정하고 종합하는 역할을 담당하고 있다.

둘째, IGO를 중심으로 운영되는 다른 유엔 기관들과 달리 UNEP는 IGO뿐만 아니라 주로 NGO인 다양한 이해관계자들을 포괄한다는 특징을 가지고 있다. 1992년 유엔환경개발회의의 의제 21^{Agenda 21}은 지속가능한 개발을 위해서는 시민사회의 참여가 필수적이라고 보고, 9대 주요 집단들^{Major Groups} — 기업 및 산업, 아동 및 청년, 농민, 원주민과 그 공동체, 지방정부, NGO, 과학기술 공동체, 여성, 노동자 및 노조 — 의 역할을 강조하였다. 이해관계자의 역할은 크게 UNEP의 사업을 지역공동체에 확산시키는 동반자, 과학적인 지식을 제공하는 전문가, 이행과정을 감독하는 감시자, 그리고 정보를 학교, 대학, 연구기관에 확산시키는 홍보자로 구분될 수 있다.⁵⁾

---

4) 정서용, "국제환경거버넌스 여건 변화와 UNEP의 역할," 『환경정책연구』 제3권(1)호 (2004).

5) http://www.unep.org/civil-society/MajorGroups/tabid/52184/Default.aspx(검색일: 2014.7.30).

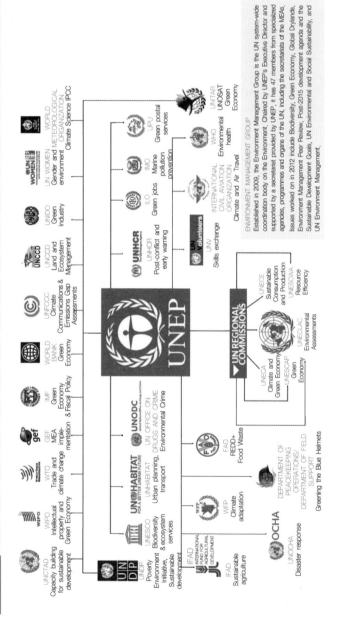

〈그림 5〉

유엔체제 속에서 UNEP의 위상

출처: UNEP, *Annual Report 2012*(UNEP, 2013), p.101

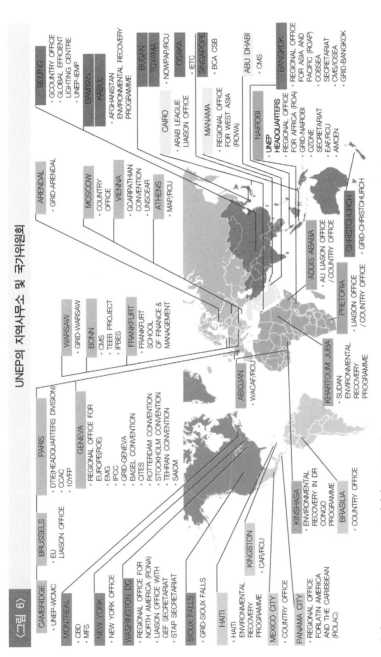

〈그림 6〉 UNEP의 지역사무소 및 국가위원회

CAMBRIDGE
· UNEP-WCMC

MONTREAL
· CBD
· MFS

NEW YORK
· NEW YORK OFFICE

WASHINGTON DC
· REGIONAL OFFICE FOR NORTH AMERICA (RONA)
· LIAISON OFFICE WITH GEF SECRETARIAT
· STAP SECRETARIAT

SIOUX FALLS
· GRID-SIOUX FALLS

HAITI
· HAITI ENVIRONMENTAL RECOVERY PROGRAMME

MEXICO CITY
· COUNTRY OFFICE

PANAMA CITY
· REGIONAL OFFICE FOR LATIN AMERICA AND THE CARIBBEAN (ROLAC)

BRUSSELS
· EU LIAISON OFFICE

KINGSTON
· CAR/RCU

PARIS
· DTIE-HEADQUARTERS DIVISION)
· CCAC
· 10YFP

GENEVA
· REGIONAL OFFICE FOR EUROPE(ROE)
· EMG
· IPCC
· GRID-GENEVA
· BASEL CONVENTION
· CITES
· ROTTERDAM CONVENTION
· STOCKHOLM CONVENTION
· TEHRAN CONVENTION
· SAICM

KINSHASA
· ENVIRONMENTAL RECOVERY IN DR CONGO PROGRAMME

BRASILIA
· COUNTRY OFFICE

WARSAW
· GRID-WARSAW

BONN
· CMS
· TEEB PROJECT
· IPBES

FRANKFURT
· FRANKFURT SCHOOL OF FINANCE & MANAGEMENT

ABIDJAN
· WCAF/RCU

ARENDAL
· GRID-ARENDAL

MOSCOW
· COUNTRY OFFICE

VIENNA
· GCARPATHIAN CONVENTION
· UNSCEAR

ATHENS
· MAP/RCU

KHARTOUM JUBA
· SUDAN ENVIRONMENTAL RECOVERY PROGRAMME

PRETORIA
· LIAISON OFFICE / COUNTRY OFFICE

ADDIS ABABA
· AU LIAISON OFFICE / COUNTRY OFFICE

CHRISTCHURCH
· GRID-CHRISTCHURCH

BEIJING
· GCOUNTRY OFFICE
· GLOBAL EFFICIENT LIGHTING CENTRE
· UNEP-IEMP

BAMYAN

KABUL
· AFGHANISTAN ENVIRONMENTAL RECOVERY PROGRAMME

CAIRO
· ARAB LEAGUE LIAISON OFFICE

MANAMA
· REGIONAL OFFICE FOR WEST ASIA (ROWA)

NAIROBI
· **UNEP HEADQUARTERS**
· REGIONAL OFFICE FOR AFRICA (ROA)
· GRID-NAIROBI
· OZONE SECRETARIAT
· EAF/RCU
· AMCEN

BUSAN
· NOWPAP/RCU

TOYAMA

OSAKA
· IETC

SINGAPORE
· BCA CSB

ABU DHABI
· CMS

BANGKOK
· REGIONAL OFFICE FOR ASIA AND PACIFIC (ROAP)
· COBSEA SECRETARIAT
· CMS/IOSEA
· GRID-BANGKOK

출처: http://www.unep.org/(검색일: 2014.7.30)

2) 집행기관: 지역사무소와 국가위원회

UNEP의 집행기관은 크게 지역사무소와 국가위원회로 구분될 수 있다. 먼저 역내 및 역외 협력을 추진하는 지역사무소는 〈그림 6〉에서처럼 대륙별로 나뉘어져 있다. 아프리카 지역사무소는 본부가 있는 케냐의 나이로비, 유럽 지역사무소는 스위스 제네바, 서아시아 지역사무소는 바레인의 마나마, 아시아태평양 지역사무소는 태국의 방콕, 북아메리카 지역사무소는 미국의 워싱턴 DC, 라틴아메리카/카리브해 지역사무소는 파나마의 파나마시티에 각각 있다.

현재까지 총 33개의 국가에 설립된 국가위원회는 1985년 '집행이사회 결의안 13/33'에 근거하고 있다.

2008년까지 총 40개국에서 설립된 국가위원회의 역할은 개별 국가 차원에서 환경과 관련된 다양한 이해당사자들을 지원하는 데 있다. 1996년 2월 전 세계에서 13번째로 설립된 한국위원회는 UNEP 본부와 아시아태평양 지역사무소와 협력하여 국제환경기준의 이행을 위한 노력으로서 국내 환경 정책·제도에 대한 감시를 수행하며 정보 제공과 교육 프로그램을 통해 이해관계자는 물론 대중의 참여를 촉진하기 위한 다양한 노력을 수행하고 있다.

3) 사무국

케냐에 있는 사무국은 〈그림 7〉과 같은 구조로 구성되어 있다. UNEP 사무국의 총책임자인 사무총장은 유엔총회에서 선출된다. 사무총장은 사무차장, 사무국장들, 지역사무소 대표들 및 최고과학자chief scientist의 보좌를 받는다. 여기에서 특징적인 것은 최고과학자이다. 사무국의 고위임원으로서 최고과학자는 사무총장과 사무차장에게 직접 자문을 한다. 최고과학자는 환경정책의 수립 및 평가에 필요한 과학적 지식을 제공하는 역할을 한다. 여기에는 새롭게 부각되는 문제들을 사전에 인지하고, 기후변화와 오존층 파괴에 대한 국제협상에 직접적으로 도움을 줄 수 있도록 전 세계 과학자들을 조직하고, 식량안보의 환경적 측면을 다루는 전문가를 소집하며, 기후 연구자들과 정책결정자들 사이의 밀접한 협력을 강화하기 위한 새로운 과학조직을 공동

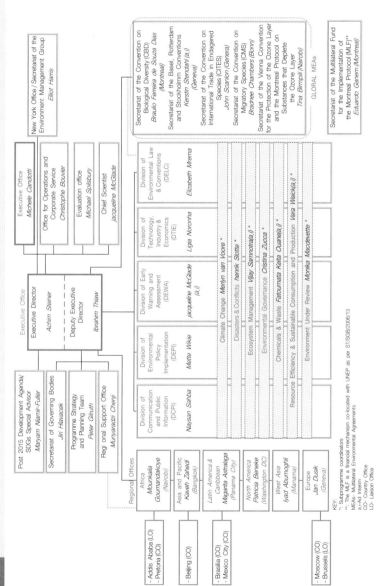

〈그림 7〉 사무국 조직

으로 설립하며 세계적 차원에서 대기오염과 기후변화의 완화를 위한 새로운 국제적 연합의 조직을 도우며, 녹색경제와 지구환경전망에 대한 UNEP의 대표적 보고서들에 과학적 지식을 제공하는 활동들이 포함되어 있다.

그중 주요부서의 역할과 기능은 다음과 같다.

- 정책개발과 법무
  - 정책개발 및 법적 지원을 통해 전략적인 정책 시행과 개선 시도
  - 환경정책을 분석, 평가 및 개발
  - 법적·경제적·기타정책 수단과 제도적 틀 개발
  - 다자간 환경협정 간의 협력 촉진
  - 다양한 UNEP 분과와 다자간 환경협정 사이의 협력 강화

- 환경평가 및 조기경보국
  - 중요한 환경데이터와 정보에 전 세계의 접근성 증진
  - 세계 환경실태를 분석, 세계적·지역적 환경 영향 평가
  - 환경적 위협에 대한 조기 경보 및 정책 조언 제공
  - 과학적·기술적 능력에 기반하여 국제적 협력과 행동 촉진·장려

- 환경정책 이행국
  - 지속가능한 발전 촉진을 위한 환경정책 집행
  - UNEP의 사업에 있어 특징적인 역량 강화에 초점

- 기술 산업 및 경제국
  - UNEP 분과들의 우선순위에 맞는 접근법을 개발
  - 정부, 지방 당국, 산업부문의 자연 자원의 청정, 안전, 효율적 이용, 화학품의 환경적으로 안정한 관리, 인간과 환경에 대한 오염과 위협의 감소

- 국제적 협정과 협약 집행
- UNEP 이외 다른 국제 조직, 정부, 기업 및 NGO들과 협력하여 정책 입안과 협약 집행 등 지원: 생산과 소비, 에너지, 오존 행동, 경제와 무역, 화학물질 분과

■ 지역 협력국
- 1999년 집행이사회를 통해 본부의 통합적 역할수행과 지역화 강화 위해 창설
- 정보와 데이터 수집 및 UNEP의 전지구적 정책 홍보
- 환경 문제에 대한 지역적 협력과 실천 제안
- 통합-촉진을 통한 UNEP 프로그램 집행-보완
- 각국 정부의 정책적 실천 자문서비스 제공
- UNEP와 NGO, 민간 영역 간의 협력 증진

■ 지구환경기금 조정국
- 1991년 3월 13일 세계은행 결의안에 따라 UNDP, UNEP과 합작 프로젝트로 설립된 지구환경기금 Global Environment Facility
- 생물다양성의 보호, 온실가스의 감소, 담수의 보호, 잔류성 유기오염물질방출의 예방과 감소, 사막화와 산림황폐화와 같은 대지 환경 악화의 축소, 오존층 보호 등의 영역에 대출과 특별 재정 지원 제공
- UNEP은 DGEF를 통해 GEF에서 과학적이고 기술적인 평가의 발전 촉진에 주력

■ 정보출판과 대외협력국
- UNEP의 주요 메시지들을 모든 이해당사자들과 협력체들에 전달
- 환경에 대한 인식 증진
- 전 세계적인 UNEP의 홍보 강화 역할 수행
- 미디어를 통한 환경 이슈에 대한 공공 인식 증진, 특정 활동과 행사

의 조직, 국제 환경 의제집행에 연관되어 있는 사회 부문과 개인
간 협력 증진
- UNEP의 프로필과 전지구적 환경에 대한 관심을 고양하고 출판물,
음향물, 영상물 등 제작·보급

4. 지배구조

최고 의사결정기구는 UNEP 집행이사회 및 세계환경장관포럼이다. 총회
에서 선출된 4년 임기의 58명 이사들로 구성되는데, 그 구성은 아프리카
(16), 아시아(13), 동유럽(6), 라틴 아메리카 및 카리브해 국가(10), 서유럽
및 기타 국가(13)와 같이 지역별로 안배되어 있다. 집행이사회는 2년마다
사무처가 있는 케냐의 나이로비에서 일주일간 열리며 그 결과는 유엔경제사
회이사회를 통해 총회에 보고된다. 2000년 이후 정기회기 사이에 격년으로
3일간의 특별회기가 소집되고 있어, 사실상 이사회는 매년 열린다.
1999년 유엔총회는 정부차원의 협력을 활성화하기 위해 세계환경장관포
럼Global Ministerial Environment Forum 제안을 추인하였다. 주요 정책 현안을 검토
하는 이 포럼은 집행이사회가 열리는 기간 중 개최된다. 따라서 이 두 회의
는 사실상 결합되어 있다고 평가된다. 지구시민사회포럼은 집행이사회 및
세계환경장관포럼에 참가하지 못하는 NGO를 포괄하기 위해 2000년 5월
스웨덴 말뫼에서 처음 시작되었다. 이후 집행이사회 결의에 따라 2002년부
터 연례화되었다.
이러한 UNEP의 지배구조는 2014년 유엔 환경회의United Nations Environment
Assembly: 이하 UNEA의 창설로 근본적으로 변화되고 있다. UNEA는 2012년 브
라질에서 개최된 유엔 지속가능한 발전 회의(Rio+20)에 참석한 세계지도자
들의 요구로 만들어졌다. 이에 대한 후속 조치로서 2013년 2월 UNEP 이사
회에서 이사국들은 유엔총회에 1972년 이후 계속 유지되어온 이사회를 보
편적 회원국 자격을 가진 UNEP의 UNEA로 변경해줄 것을 권고하였다. 다

음 달 유엔총회는 이 권고안을 반영한 결의안(A/RES/67/251)을 채택하여, 이제 193개 유엔 회원국들, 참관국들 및 다른 이해관계자들이 환경과 지구적 지속가능성의 상태에 영향을 주는 쟁점들에 대한 논의와 정책결정에 참여하고 있다.

UNEA의 설립 목적은 그 이사회에 보편적 회원제universal membership 지위를 부여하여 UNEP를 지구적 환경의제를 설정하는 지도적 권위체로 강화하는 데 있다. 이를 위해 UNEA에 전략적 결정, 정치적 지도 및 강력한 과학정책 인터페이스 장려라는 권한이 부여되었다. 10명으로 구성된 사무국의 지원을 받는 UNEA는 2년에 한 번씩 UNEP 본부가 있는 케냐의 나이로비에서 개최되며, 2000년 이후 이사회와 함께 열린 지구환경장관포럼을 대체하는 것으로 예정되어 있다. UNEA는 지구환경과 관련된 주요한 도전들을 해결할 수 있는 구체적인 행동들을 정리해서, 유엔총회에 결의안 초안을 제출할 수 있다. UNEA의 첫 회의는 2014년 6월 나이로비에서 개최될 예정이다.

UNEA 산하에는 〈그림 8〉과 같이 정책 자문, 의제 준비, 실행 감독을 하는 상주대표위원회Committee of Permanent Representatives: CPR가 있다. 여기에는 세 가지 종류의 회의들이 있다. 중기 전략 및 예산 문제를 심의하는 소위원회 회의는 1년에 한 번 5일간 열린다. 이해관계자들도 참여하는 개방적 회의는 2년에 한 번씩 나이로비에서 5일간 열린다. 기타 회의는 분기별로 개

〈그림 8〉	UNEA의 지배구조

유엔 환경회의(UNEA)

‖

상주대표위원회(CPR)

‖

기타 회의	개방적 회의	소위원회 회의

출처: http://www.unep.org/unea/about.asp(검색일: 2014.7.30)

최된다. 2년마다 선출되는 CPR은 5명으로 구성된 사무국의 지원을 받는다.

V. UNEP 40년: 성과와 한계

1. 지구환경거버넌스와 UNEP

20세기 말 이후 급증한 환경 국제기구들은 지구환경거버넌스 또는 국제
환경레짐을 형성하고 있다.6) 레짐이 거버넌스보다 국가중심성을 상대적으
로 더 인정하지만, 양자 모두 세계적 차원에서 환경 문제를 다루기 위해서는
각국 정부, IGO, NGO가 함께 협력하는 분권화되고 중층화된 네트워크의
필요성에 대해서는 공감을 하고 있다.7)

UNEP는 각국 정부는 물론 세계 각 지역과 국가에 존재하는 비정부기구
들을 묶는 네트워크의 허브로서 정보교류와 정책공조의 연계중심으로 활동
해왔다. UNEP의 설립 이후 세계적 환경단체의 회원, 예산 및 직원 수가
급증하는 동시에 많은 국가들이 환경을 전담하는 부서를 신설하였다.

또한 UNEP가 주도한 각종 회의, 선언, 조약은 국제환경법의 발전에도
크게 기여하였다.8) UNEP가 주도한 역사적인 국제회의들로서는 1972년 스

---

6) Ronald B. Mitchell, *International Politics and the Environment* (Thousand Oaks: Sage Publications, 2010); Karen N. Scott, "International Environmental Governance: Managing Fragmentation through Institutional Connection," *Melbourne Journal of International Law* 12(2011); Thomas Bernauer, "Climate Change Politics," *Annual Review of Political Science* 16(2013).

7) Chukwumerije Okereke, Harriet Bulkeley and Heike Schroeder, "Conceptualizing Climate Governance Beyond the International Regime," *Global Environmental Politics* 9-1(2009).

8) Lavanya Rajamani, "The Changing Fortunes of Differential Treatment in the Evo-

톡홀름회의, 1992년 리우회의, 2002년 요하네스버그회의, 2012년 리우회의를 들 수 있다.9) 동시에 UNEP는 역사적인 국제협약인 오존층 파괴물질에 관한 몬트리올의정서(1987년)와 기후변화에 관한 교토의정서(2005)의 협상과 체결 과정에 중추적인 역할을 하였다.

마지막으로 UNEP는 환경 문제에 대한 학술적 연구의 발전에도 결정적 기여를 해왔다. 환경에 대한 국제정치적 분석은 1972년 UNEP의 설립을 결의한 "유엔 인간환경회의에 대한 기대와 대응 속에서"10) 출발하였다고 할 수 있다. 또한 환경 문제의 정치적 및 제도적 중요성에 대한 본격적인 연구는 1992년 유엔 환경과 개발회의에 대한 대응으로 증대되었다.

반면, UNEP는 국제기구로서 발전하는 데 세 가지 한계점들을 가지고 있다. 첫 번째는 조직 구조의 문제다. UNEP는 유엔체제의 기구agency가 아니라 계획programme으로 출범하였다. 1972년 스톡홀름회의에서 미국과 스웨덴이 기구의 신설을 주장했지만, 콩코드 개발에 대한 규제를 우려한 영국 및 프랑스와 속칭 브뤼셀 그룹으로 불리는 독일, 이탈리아, 벨기에가 이에 반대하였다. 회의의 결과는 환경 문제를 한 기구가 다루기에는 너무 포괄적이라는 의견에 따라 새로운 기구를 실천하지 않기로 하였다. 따라서 UNEP의 역할은 규범적이고 촉매적인 역할을 하는 것으로 제한되었다. 즉 UNEP의 임무가 정책방향을 제시하고 유엔 기구들 사이의 조정에만 머물면서 합의된 내용을 회원국들이 이행하는 것을 감시·감독할 수 있는 권한을 가지고 있

lution of International Environmental Law," *International Affairs* 88-3(2012); 조홍식·이재협·허성욱 편저, 『기후변화와 법의 지배』(서울: 博英社, 2010); 정서용, 『글로벌 기후변화 거버넌스와 국제법』(서울: 博英社, 2011); 김호철 편, 『기후변화와 WTO: 탄소배출권 국경조정』(서울: 경인문화사, 2011); 차경은, "법적 측면에서 본 글로벌 환경거버넌스—기후변화협약체제를 중심으로," 『연세대학교 법학연구』 22권(2)호(2012).

9) UNEP, *Year Book 2013: Emerging Issues in Our Global Environment* (UNEP, 2013), p.2.

10) Ronald B. Mitchell, "International Environmental Politics," in Walter Carlsnaes, Thomas Risse-Kappen and Beth A Simmons (eds.), *Handbook of International Relations* (Thousand Oaks: Sage, 2013), pp.801-802.

지 않다.

두 번째는 예산 규모가 상대적으로나 절대적으로나 작기 때문에 기능과 조직을 발전시키기 어렵다는 점이다. 다른 국제기구들이 환경 문제에 쓴 예산이 증대되면서, UNEP의 예산 규모가 상대적으로 더 왜소하게 되어가고 있다. 또한 예산의 대부분이 유엔의 지원이 아니라 회원국들이 자발적으로 납부하는 기부금에서 나온다는 사실도 문제다. UNEP가 회원국들에게 납부를 강제할 권한을 가지고 있지 않기 때문에, 재원을 안정적으로 확보하는 데 근본적 한계가 있다. 가장 많은 재원을 제공했던 미국이 지원규모를 계속 줄여온 반면, 서유럽 국가들의 기여도가 높아지는 추세에 있다.

마지막으로 본부가 국제적 협상이 많이 벌어지는 도시들과 멀리 떨어진 곳에 위치했다는 것이다. 이미 많은 국제기구들이 있었던 제네바 대신에 나이로비에 본부를 둠으로써 UNEP는 국제적인 정책공조네트워크에서 주변화되는 결과가 초래되었다는 것이다.[11]

이러한 UNEP의 한계는 지구환경거버넌스에 내재된 의제와 조직의 복합성에서 기인한다고 할 수 있다. 첫째, 환경은 그 자체로서 중요할 뿐만 아니라 안보, 경제, 무역, 에너지, 보건, 농업, 교통, 노동, 산업에도 심대한 영향을 주고받고 있다. 〈그림 9〉의 기후변화협상의 의제에서 보이듯이, 지구환경거버넌스는 생태계뿐만 아니라 사회·경제·보건과 같이 다양한 쟁점들을 다루고 있다. 그 결과 환경 문제를 직접적으로 관할하지 않는 IGO와 NGO도 이제는 환경 문제와 연관된 그리고 환경 문제에서 파생된 문제들을 예방하고 관리하는 데 직접적으로 참여하고 있다. 세계기상기구, 세계식량기구, 세계보건기구들과 같이 환경 문제를 직접적으로 다루어왔던 국제기구들 이외에도 세계은행, 세계무역기구, 유엔개발계획과 같은 경제기구들과 국제원자력기구와 석유수출국기구와 같은 안보에너지기구들까지 환경 문제에 관심과 기여를 더 강화하고 있다. 다양한 수준과 쟁점영역을 가진 이해관계자

---

11) Maria Ivanova, "UNEP in Global Environmental Governance: Design, Leadership, Location," *Global Environmental Politics 10-1* (2010).

〈그림 9〉	기후변화, 동식물의 대응 및 경제적 활동 사이의 상호연계

변화 　　　　　　　　　　　　동식물의 대응

생물 계절학:
- 봄철 도래
- 가을철 도래
- 성장하는 계절의 길이

온도:
- 평균
- 극치
- 변동성
- 계절적 변동
- 해수면 상승

강수량:
- 평균
- 극치
- 변동성
- 계절적 변동

극단적 사건:
- 폭풍
- 홍수
- 가뭄
- 화재

이산화탄소 농도:
- 대기
- 해양
- 해양 pH

동식물의 대응	경제활동
확산 사건 이동의 비동기화	농업/어업
상리 공생의 해제 (꽃가루 매개자 상실 및 산호 표백 포함)	농업/어업
포식자-피식자 관계 해제	축산/어업
기생체 숙주 관계 해제	보건/농업
신종 병원균 및 침습증과 상화작용	농업 어업/보건
분포 영역의 변화	농업/어업
서식지 상실	어업/축산
직접 사망률과 질병 민감성을 일으키는 심리적 스트레스 증가	보건 축산/어업
인구구조를 변화시키는 생식력 변화	어업/농업/축산
성비 변화	어업/농업/축산
경쟁력 변화	어업
석회석 구조 형성 및 선석 해체 능력 상실	어업

출처: UNEP, *Year Book 2009*(2009), p.55

들의 상호 연계가 복잡해지면서 기후변화협상 레짐은 다원적이고 분산적인 특징을 가지게 되었다.

둘째, 다양한 수준의 이해관계자들이 구성한 다원적이고 중층적인 조직·제도·법률을 통해 이루어지고 있는 기후변화협상처럼, 지구환경거버넌스에는 각국 정부, IGO, NGO를 포함하는 수천 개의 이해관계자들을 정책의 결정·집행과정에 참여하고 있다.[12]

---

12) Robert F. Durant, Daniel J. Fiorino and Rosemary O'Leary (eds.), *Environmental*

| 〈그림 10〉 | 국제협상과정의 층위와 행위자들 사이의 관계 |

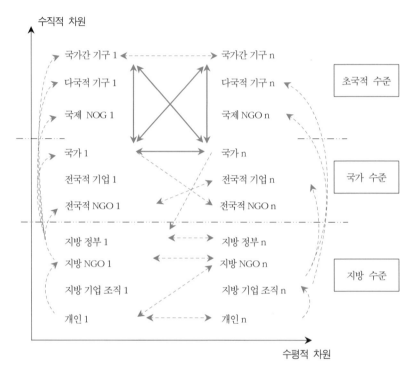

출처: Andonova and Mitchell(2010), p.258

Governance Reconsidered: Challenges, Choices, and Opportunities (Cambridge: MIT Press, 2004); Per-Olof Busch, Helge Jörgens and Kerstin Tews, "The Global Diffusion of Regulatory Instruments: The Making of a New International Environmental Regime," *ANNALS of the American Academy of Political and Social Science* 598(2005); Liliana B. Andonova, Michele M. Betsill and Harriet Bulkeley, "Transnational Climate Governance," *Global Environmental Politics* 9-2(2009); Alexander Ovodenko and Robert O. Keohane, "Institutional Diffusion in International Environmental Affairs," *International Affairs* 88-3(2012); 정서용, "국제 환경 거버넌스, 비국가 행위자 그리고 국제법,"『서울국제법연구』제17권 (2)호(2010).

2. 기후변화협상과 UNEP

1) 거버넌스 문제

지구환경거버넌스 속에서 UNEP가 보여준 성과와 한계는 기후변화협상에도 그대로 반영되어 있다.[13] 가장 근본적 문제는 정책의 결정과 집행의 효율성에 대한 회의감이다.[14] 유엔총회보다 더 많은 각국의 정상들이 참여하는 대규모 회의를 10년마다 개최하는 데 성공하였지만, UNEP는 이 회의들에서 결의된 내용을 회원국이 제대로 집행하는가를 감독하는 권한을 확보하지 못했기 때문이다. 교토의정서 비준 거부나 코펜하겐 합의 실패와 같은 사례에서 보이듯이, UNEP는 국가이익을 지키는 데 급급해 국제적 합의를 방해하는 주요 강대국들을 강제하거나 처벌할 수 있는 권한과 수단을 가지고 있지 못하다. 따라서 복합적 층위의 이해관계들이 다양한 쟁점들을 추구하는 지구환경거버넌스에서 UNEP가 과연 기후변화 논의를 주도하는 주연이라기보다는 여러 정부와 NGO를 연계하는 연락기관 또는 국제협상의 장을 제공하는 조연처럼 보인다. 〈그림 11〉에서 알 수 있듯이, 기후변화협상 레짐에서 UNEP의 위상과 역할은 부각되지 않고 있다.

조약과 기구들 사이의 통일성 결여된 지구환경거버넌스의 근원적 문제를 극복하기 위해서는 UNEP를 국제법적 지위가 확실한 유엔의 전문기구로 만들어야 한다는 주장이 1990년대 이후 지속적으로 제기되었다. 그 대안 중의 하나가 세계환경기구World Environmental Organization의 설립이다.[15] 회원국에

13) Thomas Bernauer, "The Effect of International Environmental Institutions: How We Might Learn More," *International Organization* 49-2(1995); Carsten Helm and Detlef Sprinz, "Measuring the Effectiveness of International Environmental Regimes," *Journal of Conflict Resolution* 44-5(2000); Ronald B. Mitchell, "Problem Structure, Institutional Design, and the Relative Effectiveness of International Environmental Agreements," *Global Environmental Politics* 6-3(2006).

14) Oran R. Young, "Effectiveness of International Environmental Regimes: Existing, Knowledge, Cutting Edge Themes, and Research Strategies," *Proceedings of the National Academies of Science*, Vol.108, No.50(2011).

15) Frank Biermann et al., "Navigating the Anthropocene: Improving Earth System

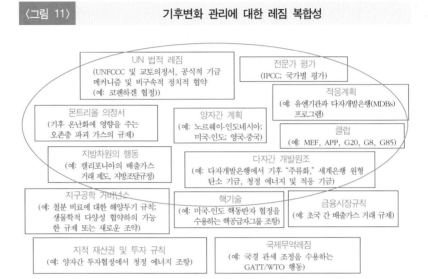

〈그림 11〉   기후변화 관리에 대한 레짐 복합성

출처: Robert O. Keohane and David G. Victor, The Regime Complex for Climate Change, *Perspectives on Politics* 9-1(2011), p.10

의무를 강제할 수 있는 권한이 결여된 UNEP와 달리 WEO는 합의된 내용의 이행을 통제할 수 있는 권위를 가지게 된다. 그러나 이 방안을 실현하기 위해서는 여러 가지 법적·제도적 변화가 선행되어야 하기 때문에 이 제안은 실현가능하지 않다는 비판이 수그러들지 않고 있다. UNEP를 더 강력하고 포괄적인 임무와 권한을 가진 세계환경기구로 발전시키는 방안은 정치적 난관에 직면해 있다. 유럽 연합과 아프리카 연합이 이 방안을 지지하고 있지만, 중국과 미국과 같은 강대국들은 반대하고 있다. 유엔 회원국들 전체를 보더라도 찬성(35%)과 반대(30%)의 차이는 근소하다.[16] 여기에다 새로운

Governance," *Science*, 335(2012); Barry Dalal-Clayton and Steve Bass, *The Challenges of Environmental Mainstreaming: Experience of Integrating Environment into Development Institutions and Decisions* (London: International Institute for Environment and Development, 2009).

기구에 필요한 추가 재원을 마련하는 문제도 당장 해결되기 어렵다.

이런 맥락에서 현재 UNEP는 기존 조직구조를 변경하지 않고서도 효율성과 정당성을 강화할 수 있다는 방안을 모색하고 있다.[17] 회원국들의 적극적인 참여를 유지하기 위해 현재 추진하는 보편적 회원제는 WEO보다는 덜 급진적인 대안이지만, 여기에 대해서도 찬반 양론이 없는 것은 아니다. 먼저 UNEP가 유엔체제의 전문기구가 아니라 총회 산하의 계획이라는 점에서 이 제도를 적용할 수 있는 법적 제한은 없다. 또한 이 제도는 회원국의 집행이사회의 참여를 증진시킴으로써 의사결정과정의 책임성과 투명성을 제고시킬 수 있는 장점이 있다. 비슷한 이유에서 이 제도는 회원국의 재정적 기여를 자발적으로 늘릴 수 있는 계기를 제공할 수 있다.

한편, 현행 유엔체제에 보편적 회원제를 집행이사회에 적용하는 것은 가능지도 바람직하지도 않다는 반론도 있다. 또한 유엔의 전 회원국으로 집행이사회를 구성할 경우 효율성과 정당성이 동시에 문제가 될 수 있다. 먼저 집행이사국이 현재 58개에서 회원국 전체로 확대될 경우 투표 없이 합의를 통해 의결하는 의사결정구조의 변화가 불가피하다. 만약 다수결 투표제가 도입된다면 불필요한 논쟁을 불러 일으켜 의사결정과정이 지연될 가능성이 다분하다(정서용 2004).[18] 이런 논란에도 불구하고 보편적 회원제는 2014년 UNEA의 창설을 통해 도입되었다. 즉 집행이사회에 보편적 회원제의 도입은 UNEP에 전략적 결정, 정치적 지도 및 강력한 과학 정책 인터페이스 장려라는 권한을 부여함으로써 권위를 강화하는 데 기여할 것으로 기대된다.

16) Maria Ivanova, "Institutional Design and UNEP Reform: Historical Insights on Form, Function and Financing," *International Affairs* 88-3(2012), p.517.
17) Daniel C. Esty, "Rethinking Global Environmental Governance to Deal with Climate Change: The Multiple Logics of Global Collective Action," *American Economic Review* 98-2(2008).
18) 정서용, "국제환경거버넌스 여건 변화와 UNEP의 역할,"『환경정책연구』제3권 (1)호 (2004).

2) 정당성 문제

기후변화에 대한 국제적 관심과 논란은 지구온난화라는 과학적 사실의
발견으로부터 촉발되었다고 할 수 있다.[19] 가장 근본적으로 기후변화협약
의 정당성은 과학적 인식공동체에 의해 뒷받침되고 있다.[20] 그중에서 가장
중요한 것은 수천 명의 과학자들이 지구온난화가 기후변화에 미친 영향에
대한 자료와 정보를 체계적이고 총체적으로 집약한 1990년부터 시작된
IPCC 보고서라고 할 수 있다.[21] 특히 지구온난화가 기후변화에 미친 영향
을 체계적으로 검토한 2007년 제4차 평가보고서는 가장 강력한 과학적 증
거를 제공한 것으로 평가되고 있다.[22]

지구온난화에 대한 과학적 지식이 축적되고 확산되면서 이후 과학자들뿐
만 아니라 환경정책결정에 참여하는 각국의 정치인, 관료, 기업인, 언론인,
시민운동가까지 세계적 환경 문제에 관심을 가지기 시작하였다.[23] 이후 기
후변화를 예방하고 지연하기 위한 국제적 노력이 필요하다는 공감대가 형성
되면서 UNEP를 중심으로 지구온난화의 핵심 원인으로 지목된 온실가스 감
축을 위한 국제적 협상이 진행되어 왔다.

19) Oran R. Young, "The Architecture of Global Environmental Governance: Bringing Science to Bear on Policy," *Global Environmental Politics* 8-1(2008).
20) Stephen M. Gardiner, *A Perfect Moral Storm: The Ethical Tragedy of Climate Change* (Oxford: Oxford University Press, 2011).
21) 2013년 발간된 제5차 평가보고서는 2014년 11월 IPCC 제40차 총회에서 최종 승인되었다. 그 주요 내용에 대해서는 IPCC, *WGI Fifth Assessment Report* (2013) 및 IPCC, *Climate Change 2014: Impacts, Adaptation, and Vulnerability* (2014) 참조.
22) Bert Bolin, *A History of the Science and Politics of Climate Change: The Role of the Intergovernmental Panel on Climate Change* (Cambridge: Cambridge University Press, 2007); Andrew Dessler and Edward A. Parson, *The Science and Politics of Global Climate Change: A Guide to the Debate*, 2nd edition (Cambridge: Cambridge University Press, 2010); 전의찬 외, 『기후변화: 25인의 전문가가 답하다』(서울: 지오북, 2012); 최재천·최용상 편, 『기후변화 교과서』(서울: 도요새, 2011).
23) Kal Raustiala, "States, NGOs, and International Environmental Institutions," *International Studies Quarterly* 41-4(1997).

이런 노력들에도 불구하고, 기후변화의 심각성에 대한 국제적 합의가 완벽한 것은 아니다. 환경회의론은 아직도 지구온난화에 대한 이견을 굽히지 않고 있다. (1) 지구온난화는 아직 시작되지 않았다. (2) 지구온난화는 인간 활동이 아닌 다른 무엇에 의해 기인한다. (3) 지구온난화가 반드시 나쁜 현상은 아니며 실제로 도움을 줄 수도 있다. (4) 지구온난화는 고치기 어려운 문제가 아니다.[24]

환경회의론은 다양한 방법으로 지구온난화에 대한 과학적 연구성과와 기후변화 협약의 정당성에 의문을 제기해왔다. 덴마크 통계학자 비욘 롬보크 Bjørn Lomborg는 지구온난화에 대한 통계자료를 비판적으로 검토하는 『회의적 환경주의자The Skeptical Environmentalist』를 통해 환경회의론을 대중화하는데 기여하였다.[25] 일부 덴마크 학자들은 정부에 이 책의 내용과 방법이 과학적으로 문제가 있다고 비판하면서 연구진실성 검토를 청원하였다. 덴마크 교육기술혁신부 산하 위원회에서는 이 책의 내용에 대한 문제점들을 지적했지만, 최종적으로는 판단을 유보하였다.[26]

2009년 코펜하겐회의 직전에 영국의 이스트 앵글리아 대학 기후연구소의 이메일 해킹 사건에서 촉발된 소위 기후게이트climategate도 기후변화의 과학적 정당성에 영향을 주었다. 일부 이메일에서 발견된 지구온난화에 대한 자료들의 조작과 환경회의론에 대한 비난은 환경회의론자들의 반격을 촉발시켜 지구온난화정책재단Global Warming Policy Foundation: GWPF의 설립으로 이어졌다. 영국 정부의 조사 결과 일부 이메일에 논란의 여지가 존재하지만 기후변화 연구의 과학적 평가를 근본적으로 수정할만한 오류나 실수가 발견되지 않았다.[27]

24) Jeffrey Mazo, "Climate Change: Strategies of Denial," *Survival* 55-4(2013).

25) Bjørn Lomborg, *The Skeptical Environmentalist: Measuring the Real State of the World*(Cambridge: Cambridge University Press: 2001); *Cool IT: The Skeptical Environmentalist's Guide to Global Warming*(New York: Alfred A Knopf, 2007) 최근 논쟁에 대해서는 www.lomborg.com 참조.

26) Philip Kitcher, "The Climate Change Debates," *Science* 328(June 4, 2010).

이런 논란 속에서 환경회의론의 영향력은 줄어들지 않고 있다. 영국의
리차드 톨 교수는 2014년 3월 IPCC 제5차 평가보고서가 너무 극단적인 시
나리오에 가정해 있기 때문에 결론이 지나치게 비관적이라고 비판하였
다.[28] 비슷한 맥락에서 환경회의론을 비과학으로 치부하는 것은 바람직하
지 않다는 주장도 제기되고 있다.[29]

기후변화의 정도와 범위에 대한 과학적 논쟁의 뒤에는 여러 가지 정치적
고려가 자리를 잡고 있다. 기후변화가 불균등하지만 세계 전체에 나쁜 영향
을 미칠 것이라는 인식이 존재함에도 불구하고, 공유지의 비극과 같이 국제
적 협력이 잘 되지 않는 것은 정치적 이해관계가 다르다는 사실에 있다
Giddens 2009.[30] 실제로 기후변화협약으로 손해나 피해를 보는 국가, 기업, 단
체가 환경회의론을 지지하거나 홍보하는 데 앞장서고 있다는 의혹이 사라지
지 않고 있다. 이런 점에서 기후변화에 대한 과학적 논쟁은 국제적 차원의
정치적 논란으로 비화되었다 Bolin 2007; Edward 2010; Oreskes 2010.[31]

27) Secretary of State for Energy and Climate Change, *Government Response to
the House of Commons Science and Technology 8th Report of Session* 2009-10:
*The Disclosure of Climate Data from the Climatic Research Unit at the Uni-
versity of East Anglia* (Stationery Office, 2010).

28) Richard Tol, "Bogus Prophecies of Doom will not Fix the Climate," *Financial
Times* (April 1, 2014).

29) Matt Ridley, "Climate Forecast: Muting the Alarm," *Wall Street Journal* (March
31, 2014).

30) Anthony Giddens, *The Politics of Climate Change* (Cambridge: Polity, 2009), 홍
욱희 역, 『기후변화의 정치학』(서울: 에코리브르, 2009).

31) Bolin(2007); Paul N. Edward, *A Vast Machine: Computer Models, Climate Data,
and the Politics of Global Warming* (Cambridge: The MIT Press, 2010); Naomi
Oreskes, *Merchants of Doubt: How a Handful of Scientists Obscured the Truth
on Issues from Tobacco Smoke to Global Warming* (New York: Bloomsbury
Press, 2010), 『의혹을 판다: 담배 산업에서 지구 온난화까지 기업의 용병이 된 과
학자들』(서울: 미지북스, 2012).

3) 기후변화 협상의 국제정치경제

　지구환경거버넌스 문제와 기후변화에 대한 과학적 논쟁의 정치화는 기후
변화 협상에서 인류 공동의 이익보다 국가이익을 우선할 수 있는 근거를
만들어 주었다. 국가 간 갈등으로 인한 국제적 합의의 부재는 궁극적으로
지구환경거버넌스에 내재하는 지구적 공공재를 둘러싼 책임 및 비용 분담의
비대칭성에서 나온다고 할 수 있다.[32] 국제적으로 이러한 비대칭성은 선진
국과 개발도상국 사이에 존재한다. 개발도상국보다 기후변화에 대한 피해에
적응할 수 있는 능력이 높기 때문에 선진국은 비용 분담에 소극적인 반면,
기후변화의 충격에 취약한 개발도상국은 산업화를 통한 경제발전을 추구하
기 때문에 탄소배출 규제에 소극적이다. 대표적으로 미국은 기업들의 경제
적 부담을 근거로 교토의정서에 대한 비준을 거부한 바 있으며, 중국과 인도
는 선진국이 개발도상국에 경제적 부담을 전가한다고 비판해 왔다.[33]

　주요 국가들은 국제협상에서 자국의 국가이익을 더 반영하기 여러 가지
그룹과 하위 그룹에 적극적으로 참여하고 있다. 〈표 2〉에 요약되어 있듯이,
선진국들은 물론 개발도상국들 내부에도 경제적 및 지리적 고려에 따라 미
묘한 입장차이가 있다. 선진경제권에서는 환경 문제에 적극적인 유럽연합과
비유럽연합 국가들이 모인 엄브렐러 그룹에서도 저탄소 에너지원의 개발로
에너지 효율을 높인 국가들과 화석연료에 의존도가 높은 국가들 사이에 균
열이 존재한다.[34] 개발도상국들이 모인 77그룹 내에는 베이식^{BASIC} 그룹,

---

32) Peter Newell, "The Political Economy of Global Environmental Governance,"
　　Review of International Studies 34-3(2008); Michèle B. Bättiga and Thomas
　　Bernauera, "National Institutions and Global Public Goods: Are Democracies
　　More Cooperative in Climate Change Policy?" *International Organization* 63-2
　　(2009); Bernauer(2013).

33) 이형근, 『기후변화협상의 국제적 동향과 시사점』(서울: 대외경제정책연구원, 2009);
　　최원기, "유엔 기후변화협상의 정치경제," 전의찬 외, 『기후변화: 25인의 전문가가 답
　　하다』(서울: 지오북, 2012); 손병권, 『기후변화 대처와 미국 패권의 딜레마: 국제적
　　공공재 창출에 대한 국내적 저항』(서울: 서강대학교출판부, 2012).

34) Mark Maslin, *Global Warming,* 2nd edition(Oxford: Oxford University Press,
　　2008), 조홍섭 역, 『기후변화의 정치경제학: 지구 온난화를 둘러싼 진실들』(서울: 한

| 〈표 2〉 | 기후변화 당사국총회 참가 국가별 입장 | |

구분		참여국	기후변화 관련 입장
선진국	유럽연합	27개국(영국, 덴마크, 스웨덴 등)	- 기후변화협상 선도 - 가장 높은 수준 목표치
	엄브렐러 그룹 (비EU 선진국연맹체)	9개국(미국, 일본, 호주, 캐나다, 러시아, 노르웨이, 뉴질랜드, 우크라이나, 아이슬란드)	- 개발도상국 참여조건 - 낮은 수준 목표치
	환경건전성 그룹 (Environmental Integrity Group)	5개국(한국, 멕시코, 스위스, 모나코, 리히텐슈타인)	- 선진국과 개도국 입장 조율 - 상대적으로 높은 수준 목표치
개발도상국	G77+중국 (개발도상국 대표)	131개국: 다양한 하위그룹 베이식(BASIC) 그룹: 중국, 인도, 브라질, 남아공 등 아프리카 그룹 군소도서 국가연합(AOSIS) 석유수출국(OPEC) 저개발국그룹(LDC) 남미좌파국가연합(ALBA)	- 역사적 책임론 - 선진국의 재정적·기술적 지원 강조 - 가장 낮은 수준 목표치

출처: 장현숙, "칸쿤 기후변화회의 결과 및 시사점,"『Trade Focus』제9권 (63)호(2010), p.1 및 최원기(2012), p.118

아프리카 그룹, 군소도서 국가연합[AOSIS], 석유수출국[OPEC], 저개발국그룹[LDC], 남미좌파국가연합[ALBA]이 서로 다른 이해관계를 가지고 있다. 석유수출국기구는 탄소배출량 감축이 개발도상국에 불리하다고 주장하는 반면, 해수면 상승으로 직접적 피해를 보는 군소도서국가연합은 온실가스 배출 통제를 적극적으로 지지한다.

겨레, 2010), pp.184-187.

VI. 결론

UNEP는 1972년 창설된 이후 40년 동안 지구환경거버넌스의 핵심 기구로서 각종 회의와 활동을 통해 다양한 환경 문제를 해결하는데 필요한 국제적 공감대를 형성하고 전문가들과 활동가들의 네트워크를 구성하는데 결정적으로 중요한 역할을 해왔다. 특히 다른 IGO와 달리 처음부터 정부뿐만 아니라 NGO와 기업들을 포함하는 다양한 이해관계자들이 적극적으로 관여할 수 있도록 함으로써 참여 민주주의의 세계화에 기여했다고도 할 수 있다.

환경 문제의 국제적 해결에 크게 기여했음에도 불구하고, 21세기 들어 UNEP의 활동과 위상에 대한 평가가 예전같이 않다. 현재의 조직과 예산만으로 UNEP가 다원화되고 복합화된 환경 문제를 체계적으로 다루는 데는 한계가 있다. 또한 국가와 기업의 이익을 지키기 위해 환경 문제의 심각성을 부정하거나 축소하려는 국제적 논쟁에서도 UNEP는 IPCC은 물론이고 세계은행과 WTO에 비해 영향력이 제한되어 있다. 이런 점에서 2014년 UNEA의 설립과 WEO에 대한 논란은 UNEP를 한 단계 더 도약시키려는 노력의 일환으로 평가될 수 있다.

[사례 3] 기후환경변화기본협약 당사국 총회: 교토의정서와 코페하겐 합의

현재 UNEP이 추진하는 과제들 중 가장 중요한 기후변화협약은 1992년 리우 정상회의에서 출범한 기후변화기본협약^{UN Framework Convention on Climate Change: UNFCCC}을 중심으로 논의가 되고 있다.[35] 1994년 3월 발효된 UNFCCC 는 1996년 160개국으로 확대되었으며, 2012년까지 남수단을 제외한 195개 모든 유엔 회원국들이 참여하고 있다.[36]

UNFCCC의 의사결정과정은 몇 가지 특징들이 있다. 첫째, 공식적이고 영속적인 사무처가 없기 때문에 가장 중요한 의사결정은 당사국 총회에서 이뤄진다. 의사결정방식이 다수결이 아니라 만장일치에 기반을 두고 있어, 모든 당사국들은 형식상 준거부권^{near-veto}을 가지고 있다고 할 수 있다. 특히 이산화탄소 배출량이 크고 영향력이 국가들—미국, EU, 중국, 인도, 러시아 등—은 사실상 거부권^{de facto veto}을 행사할 수 있는 것으로 평가되고 있다. 둘째, 이런 의사결정 구조와 방식 때문에 당사국총회에서 주요국들은 자신들의 입장을 지지하는 국가들의 확대를 통해 합의를 도출해 나가려는 연합형성^{coalition building}에 매우 적극적이다. 마지막으로, 기후변화가 국경을 넘어서서 발생하고 피해를 끼친다는 과학적 근거에 정통하기 때문에 당사국 총회에 참석하는 협상가들은 자국의 국가이익만을 고려하지 않는다.[37]

〈교토의정서〉

UNFCCC가 처음 출범한 1992년 리우 정상회의에서 국가별 감축목표와 감축일정에 대해서 선진국들 사이—주로 유럽 대 미국—및 선진국과 개도

---

35) 오경택, "기후변화 협상은 성공할 것인가?"『국제정치논총』제52집 (3)호(2012).

36) 정수현, "민주주의와 국제환경협약의 준수,"『국제정치논총』제52집 (3)호(2012), p.40.

37) 신범식, "탈위기 지구질서와 환경의 국제정치: 기후변화 대응체제의 현재와 미래,"『국가안보패널 보고서』(동아시아연구원, 2011).

국 사이의 대립으로 합의를 도출하는 데 실패하였다. 1997년 일본 교토에서
열린 제3차 당사국총회에서 처음으로 온실가스 감축방안에 대한 국제적 합
의에 도달하였다. 교토의정서의 핵심 내용은 38개 선진국들이 6가지 온실가
스를 3단계에 따라 감축하는 것이다. 그 결과 차별적 책임을 주장한 개도국
들에게 감축 의무가 강제되지는 않았다. 이 의정서는 55개국 이상의 협약
당사국들이 비준을 마친 2005년 2월에 발효하였다.

  미국과 호주가 이때까지 비준을 거부함으로써 이 의정서의 실효성에 대
한 비판이 끊이지 않았다. 클린턴 행정부에서 서명한 조약을 부시 행정부가
비준 거부를 한 명분은 경제적 부담에 대한 반대 여론이었다. 그러나 그
이면에는 개도국―그중에서도 세계 최대의 탄소배출국인 중국을 비롯한 인

〈표〉 **세계 10대 온실가스 배출국**

순위	국가	온실가스 배출량 (10억 톤)	비중(%)	비고
1	중국	7.03	23.33	비의무 감축국
2	미국	5.46	18.11	교토의정서 미가입
-	EU(27개국)	4.17	14.04	교토의정서 2기 참여국
3	인도	1.74	5.78	2020년 이후 체제 불참의사 표명
4	러시아	1.70	5.67	교토의정서 2기 불참의사 표명
5	일본	1.20	4.01	교토의정서 2기 불참의사 표명
6	독일	0.78	2.61	교토의정서 2기 참여국
7	캐나다	0.54	1.80	교토의정서 2기 공식 불참
8	이란	0.53	1.79	비의무 감축국
9	영국	0.52	1.73	교토의정서 2기 참여국
10	한국	0.50	1.69	비의무 감축국

출처: 오민아·서정민, "캐나다의 교토의정서 탈퇴와 국제 기후변화협상 전망," 『KIEP 지역경제포
커스』 6권 (2)호(2012년 2월 13일), p.9

도와 러시아 — 이 부담을 공유하지 않는다는 불만도 존재하였다.[38)]

　교토의정서가 지구온난화의 주범으로 지목되어온 온실가스 감축의 중요성을 각인시키고 국제적 정책변화를 이루어냈다는 점에서 국제환경운동의 중요한 성과로 평가될 수 있다. 그러나 미국의 불참, 중국·인도·러시아와 같은 주요 개도국에 대한 의무 배제로 인해 실효성에 대한 논란은 여전히 진행 중이다. 또한 2011년 12월 캐나다가 자국 석유산업의 이익을 보호하기 위해 교토의정서를 탈퇴하였으며, 2007년 뒤늦게 비준한 호주도 현재 탈퇴 논의를 하고 있다. 더 근본적인 문제는 교토의정서 2기에 EU 국가들을 제외한 대부분의 주요 국가들이 불참 의사를 표시하고 있다는 것이다. 이런 점에서 교토의정서를 완벽한 성공사례로 평가하기가 더욱 어렵게 되었다.

〈코펜하겐 합의〉

　2009년 12월 덴마크 코펜하겐에서 열린 제15차 당사국총회의 초점은 교토체제 이후에 맞춰졌다. 이 의제는 2007년 인도네시아 발리에서 열린 제13차 당사국총회에서 합의되었다. 당시 합의된 '발리행동계획Bali road map'은 교토의정서의 실행계획이 종료되는 2012년 이후 어떻게 무엇을 할 것인가에 대한 논의들을 구체화하였다. 이 계획의 기본 정신은 선진국과 후진국의 '공동의 그러나 차별화된 책임common but differentiated responsibility' 원칙과 '측정가능하고, 보고가능하고, 검증가능한Measurable, Reportable, Verifiable: MRV' 방식에 반영되어 있다.

　원칙과 방식에 대한 합의가 존재하였음에도 불구하고 코펜하겐총회는 원만하게 진행되지 못했다. 개도국들이 요구한 선진국의 '역사적 책임' 원칙에 미국이 끝까지 유보적인 태도를 보여주었다. 환경 문제에 대해서 전향적인 입장을 견지해온 EU 국가들도 이러한 대립구도 속에서 중재안을 마련하는

---

38) 변진석, "패권국의 국제법에 대한 딜레마: 기후변화협약체제에 대한 미국의 정책," 『국제정치논총』 제49집 (1)호(2009).

데 큰 도움을 주지 못했다. 2주간의 회의기간 중 합의 도출에 실패하자 종료
전날 주요 28개국 협상단, 유엔사무총장, EU 집행위원장, 덴마크 총리 등이
참석한 회의를 통해 가까스로 합의문을 작성하는 데 성공하였다. 그러나 일
부 국가들이 28개국만이 참여한 회담은 민주적이지 않다고 반발하면서, 이
합의문은 최종적으로 총회 결정문으로 채택되지 못했다. 대신 '당사국총회는
2009.12.18의 코펜하겐합의문에 유념한다The COP takes note of the Copenhagen
Accord of 18 December 2009'는 문안을 결정문에 삽입하고, 합의문을 첨부하였
다.[39]

〈표〉	세계 10대 온실가스 배출국
의제	주요 내용
전 지구 온도상승 억제	전 지구 온도상승을 산업화 이전 대비 2°C 이내로 제한 (2015년에 1.5°C로 재조정하는 문제 검토)
각국별 온실가스 감축	선진국은 2010년 1월 31일까지 2020년까지의 중기 감축 목표 제출 개도국은 2010년 1월 31일까지 정량적 감축 목표 없이 감축 계획 제출
감축의 투명성 확보	선진국은 MRV 방식대로 감축을 이행 평가 개도국은 감축결과에 대한 국내적 검증을 거치되, 각국의 주권을 훼손하지 않는 선에서 국제적 협의, 2년마다 유엔에 보고
개도국 지원	최빈국, 군소도서국, 아프리카 등 우선 지원 긴급지원: 2010~2012년까지 300억 달러 장기지원: 2020년까지 매년 1,000억 달러 기금 조성 '코펜하겐 녹색기후기금' 창설과 고위급 위원회 설치
이행 평가	코펜하겐 협정이 제대로 이행되는지에 대한 평가를 2014년까지 완료

출처: 이진우, "기후변화정치의 동향과 새로운 도전: 2009년 12월 코펜하겐 기후변화 회의의 평가
　　와 전망,"『환경과 생명』제63권(2010), p.179

---

39) 오진규, "코펜하겐 기후총회의 평가 및 전망,"『에너지기후변화학회지』제5권 (1)호
　　(2010), p.34.

이 때문에 코펜하겐 합의에 대한 국제법적 효력에 대해서 논란이 수그러들지 않았다. 즉 모든 당사국들이 법적 구속력을 가진 의정서가 아니라는 점에서 이 합의는 단지 정치적 선언에 불과하다는 평가가 지배적이다.[40] 그러나 법적 구속력이 없다고 해서 코펜하겐 합의를 완전한 실패로 보기는 어렵다. 2001년 교토의정서 탈퇴 이후 국제환경협상에서 소극적인 태도를 보여 온 미국이 합의안에 동의했다는 사실은 중요한 변화로 평가될 수 있다. 또한 교토의정서에 비의무 감축국인 중국과 인도가 미국과 타협을 했다는 점도 의미가 있다. 이런 맥락에서 이 합의는 그동안 선진국과 개도국의 대립구도가 해소될 수 있는 단초를 마련했다고도 볼 수 있다.

---

40) 정서용, "코펜하겐 합의에 대한 국제법적 검토," 『서울국제법연구』 제17권(1)호 (2010).

📖 전의찬 외. 『기후변화: 25인의 전문가가 답하다』. 서울: 지오북, 2012
21세기 가장 중요한 환경 문제인 기후변화의 다양한 측면들에 대한
각 분야 전문가들의 최신 분석이 담겨져 있다. UNEP의 당면과제인
기후변화협약의 체결과 실행에 대한 자연과학적 분석뿐만 아니라 사
회과학적 분석까지 제공하고 있다는 점에서 UNEP의 활동을 이해하는
데 필요한 배경지식을 제공한다.

📖 정서용. 『글로벌 기후변화 거버넌스와 국제법』. 서울: 박영사, 2011
국제법의 측면에서 각종 국제환경단체의 활동을 포괄적이고 체계적으
로 소개하고 있다. UNEP를 직접적으로 다루지 않고 있으며 기후변화
문제에 집중하고 있다는 점에서 한계가 있지만, 다양한 IGO와 NGO
로 구성된 이해관계자들이 UNEP와 어떻게 협력하는가를 이해하는 데
도움을 줄 수 있다.

📖 Biermann, Frank et al. "Navigating the Anthropocene: Improving
Earth System Governance." *Science*, 335. 2012
32명의 세계적으로 저명한 환경 문제 전문가들이 2012년 리우회의에
즈음하여 세계환경거버넌스의 개혁을 촉구한 논문이다. 저자들은 1972
년 스톡홀름회의 이후 성과와 한계를 정리한 후 앞으로 추구해야 할
7가지 목표들을 제안하고 있다. 그중에서 가장 중요한 것은 UNEP를
WEO로 확대·발전시키는 것이다. 비록 리우회의에서 이 목표들이 다
수용되지는 않았지만, 이 논문은 향후 UNEP의 조직 구조와 활동 방향
을 재정립하는 데 중요한 지침으로 남아 있을 것이다.

📖 Bolin, Bert. *A History of the Science and Politics of Climate
Change: The Role of the Intergovernmental Panel on Climate
Change*. Cambridge: Cambridge University Press, 2007.

스톡홀름대학의 기상학 교수이자 IPCC 초대 의장(1988~97년)인 저자가 IPCC의 활동과 보고서 작성과정을 기록한 역사서이다. 제목이 시사하듯이, 이 책에는 기후변화에 대한 과학적 연구뿐만 아니라 그 이면에 있는 국가 간 갈등에 대한 소상한 설명이 담겨져 있다. 기후변화의 국제정치경제를 이해하는 데 필요한 중요한 증언과 자료를 제공한다는 점에서 이 책은 국제정치학에도 중요한 함의를 가지고 있다고 하겠다.

📖 Johnson, Stanley. *UNEP The First 40 Years: A Narrative*. United Nations Environment Programme, 2012.

전 유럽의회 의원이자 환경운동가인 필자가 UNEP의 의뢰를 받아 UNEP의 역사를 서술한 책이다. UNEP에서 직접 편찬한 사서가 없는 상황에서 이 책은 사실상 UNEP의 공식적인 역사라고 할 수 있다. 개인적 경험에 기초했지만 인터뷰와 자료조사를 통해 UNEP의 각종 회의와 활동을 생생하게 기록하였다. UNEP와 관련된 주요 UN결의안 및 UNEP 선언문이 부록으로 첨부되어 있다.

참·고·문·헌

〈국문 자료〉

김호철 편. 『기후변화와 WTO: 탄소배출권 국경조정』. 서울: 경인문화사, 2011.
박병도. "유엔을 통한 국제환경법의 발전."『국제법학회논총』통권 82권 (2)호. 1997.
변진석. "패권국의 국제법에 대한 딜레마: 기후변화협약체제에 대한 미국의 정책."
    『국제정치논총』제49집 (1)호. 2009.
빌프리트 봄머트(Wilfred Bommert), 전은경 옮김.『식량은 왜 사라지는가: 배부른
    세계의 종말 그리고 식량의 미래(*Kein Brot für die Welt: Die Zukunft der*
    Welternährung)』. 서울: 알마, 2011.
손병권.『기후변화 대처와 미국 패권의 딜레마: 국제적 공공재 창출에 대한 국내적
    저항』. 서울: 서강대학교출판부, 2012.
신범식. "탈위기 지구질서와 환경의 국제정치: 기후변화 대응체제의 현재와 미래."
    『국가안보패널 보고서』. 동아시아연구원, 2011.
오경택. "글로벌 환경 거버넌스에 있어서 업계의 역할 변화 연구: 기후변화에 관하
    여."『세계지역연구논총』제30집 (3)호. 2012.
오민아. 서정민. "캐나다의 교토의정서 탈퇴와 국제 기후변화협상 전망."『KIEP 지역
    경제포커스』6권 (2)호. 2012년 2월 13일.
오진규. "코펜하겐 기후총회의 평가 및 전망."『에너지기후변화학회지』제5권 (1)호.
    2010.

이진우. "기후변화정치의 동향과 새로운 도전: 2009년 12월 코펜하겐 기후변화 회의의 평가와 전망."『환경과 생명』제63권. 2010.

이형근.『기후변화협상의 국제적 동향과 시사점』. 서울: 대외경제정책연구원, 2009.

장현숙. "칸쿤 기후변화회의 결과 및 시사점."『Trade Focus』제9권 (63)호. 2010.

전의찬 외.『기후변화: 25인의 전문가가 답하다』. 서울: 지오북, 2012.

정서용. "국제환경거버넌스 여건 변화와 UNEP의 역할."『환경정책연구』제3권 (1)호. 2004.

_____. "코펜하겐 합의에 대한 국제법적 검토."『서울국제법연구』제17권 (1)호. 2010.

_____. "국제 환경 거버넌스, 비국가 행위자 그리고 국제법."『서울국제법연구』제17권 (2)호 2010.

_____.『글로벌 기후변화 거버넌스와 국제법』. 서울: 博英社, 2011.

정수현. "민주주의와 국제환경협약의 준수."『국제정치논총』제52집 (3)호. 2012.

조홍식·이재협·허성욱 편저.『기후변화와 법의 지배』. 서울: 博英社, 2010.

차경은. "법적 측면에서 본 글로벌 환경거버넌스—기후변화협약체제를 중심으로."『연세대학교 법학연구』22권 (2)호. 2012.

최원기. "유엔 기후변화협상의 정치경제." 전의찬 외.『기후변화: 25인의 전문가가 답하다』. 서울: 지오북, 2012.

최재천·최용상 편.『기후변화 교과서』. 서울: 도요새, 2011.

〈외국어 자료〉

Andonova, Liliana B. "Public-Private Partnerships for the Earth: Politics and Patterns of Hybrid Authority in the Multilateral System." *Global Environmental Politics* 10-2. 2010.

Andonova, Liliana B., and Ronald B. Mitchell. "The Rescaling of Global Environmental Politics." *Annual Review of Environment and Resources* 35. 2010.

Andonova, Liliana B., Michele M. Betsill, and Harriet Bulkeley. "Transnational Climate Governance." *Global Environmental Politics* 9-2. 2009.

Bättiga, Michèle B., and Thomas Bernauera. "National Institutions and Global Public Goods: Are Democracies More Cooperative in Climate Change Policy?" *International Organization* 63-2. 2009.

Bean, Louis H. "Crops, Weather, and the Agricultural Revolution." *The American Statistician* 21-3. 1967.

Bernauer, Thomas. "The Effect of International Environmental Institutions: How We Might Learn More." *International Organization* 49-2. 1995.

_____. "Climate Change Politics." *Annual Review of Political Science* 16. 2013.

Biermann, Frank et al. "Navigating the Anthropocene: Improving Earth System Governance." *Science*, 335. 2012.

Bolin, Bert. *A History of the Science and Politics of Climate Change: The Role of the Intergovernmental Panel on Climate Change.* Cambridge: Cambridge University Press, 2007.

Busch, Per-Olof, Helge Jörgens, and Kerstin Tews. "The Global Diffusion of Regulatory Instruments: The Making of a New International Environmental Regime." *ANNALS of the American Academy of Political and Social Science* 598. 2005.

Carolan, Michael. *Reclaiming Food Security.* New York, NY: Routledge, 2013.

Clapp, Jennifer. "WTO Agricultural Trade Battle and Food Aid." *Third World Quarterly* 25-8. 2004.

Dalal-Clayton, Barry, and Steve Bass. *The Challenges of Environmental Mainstreaming: Experience of Integrating Environment into Development Institutions and Decisions.* London: International Institute for Environment and Development, 2009.

Dessler, Andrew, and Edward A. Parson. *The Science and Politics of Global Climate Change: A Guide to the Debate*, 2nd edition. Cambridge: Cambridge University Press, 2010.

Durant, Robert F., Daniel J. Fiorino, and Rosemary O'Leary, eds. *Environmental Governance Reconsidered: Challenges, Choices, and Opportunities.* Cambridge: MIT Press, 2004.

Edward, Paul N. *A Vast Machine: Computer Models, Climate Data, and the*

       Politics of Global Warming. Cambridge: The MIT Press, 2010.

Eisenhower, Dwight D. "Annual Message to the Congress on the State of the Union"(1954.1.7). In Wayne C. Grover. *Public Papers of the Presidents of the United States: Dwight D. Eisenhower, 1954.* Washington, DC: Office of the Federal Register National Archives and Records Service, 1960.

_____. "Special Message to the Congress on Agriculture"(1954.1.11). In Wayne C. Grover. *Public Papers of the Presidents of the United States: Dwight D. Eisenhower, 1954.* Washington, DC: Office of the Federal Register National Archives and Records Service, 1960.

Esty, Daniel C. "Rethinking Global Environmental Governance to Deal with Climate Change: The Multiple Logics of Global Collective Action." *American Economic Review* 98-2. 2008.

FAO. *Challenge of Renewal: An Independent External Evaluation of the Food and Agricultural Organization.* 2007.

Gardiner, Stephen M. *A Perfect Moral Storm: The Ethical Tragedy of Climate Change.* Oxford: Oxford University Press, 2011.

Garst, Rachel, and Tom Barry. *Feeding the Crisis: U.S. Food Aid and Farm Policy in Central America.* Lincoln, NE: University of Nebraska Press, 1990.

Gartzke, Erik, Dong-Joon Jo, and Richard Tucker. 1999. U.N. General Assembly Voting, 1946~1996(version 1.1).

Giddens, Anthony. *The Politics of Climate Change.* Cambridge: Polity, 2009, 홍욱희 역. 『기후변화의 정치학』. 서울: 에코리브르, 2009.

Grover, Wayne C. *Public Papers of the Presidents of the United States: Dwight D. Eisenhower, 1954.* Washington, DC: Office of the Federal Register National Archives and Records Service, 1960.

Headey, Derek, and Shenggen Fan. *Reflections on the Global Food Crisis: How Did It Happen? How Has It Hurt? And How Can We Prevent the Next One?* International Food Research Institute. 2010.

Helm, Carsten, and Detlef Sprinz. "Measuring the Effectiveness of International Environmental Regimes," *Journal of Conflict Resolution* 44-5. 2000.

IPCC. *WGI Fifth Assessment Report.* 2013.

_____. *Climate Change 2014: Impacts, Adaptation, and Vulnerability.* 2014.

Ivanova, Maria. "UNEP in Global Environmental Governance: Design, Leadership, Location." *Global Environmental Politics* 10-1. 2010.

_____. "Institutional Design and UNEP Reform: Historical Insights on Form, Function and Financing." *International Affairs* 88-3. 2012.

Janvry, Alain, Gustavo Dordillo, & Elisabeth Sadoulet. *FAO: Ever more necessary but ever more challenging to manage.* Foundation pour les etudes et recherches sur le development international, 2012.

Johnson, Stanley. *UNEP The First 40 Years: A Narrative.* United Nations Environment Programme, 2012.

Keohane, Robert O., and David G. Victor. "The Regime Complex for Climate Change." *Perspectives on Politics* 9-1. 2011.

Kitcher, Philip. "The Climate Change Debates." *Science* 328(June 4, 2010).

Lomborg, Bjørn. *The Skeptical Environmentalist: Measuring the Real State of the World.* Cambridge: Cambridge University Press: 2001.

_____. *Cool IT: The Skeptical Environmentalist's Guide to Global Warming.* New York: Alfred A Knopf, 2007.

Longhofer, Wesley, and Evan Schofer. "National and Global Origins of Environmental Association." *American Sociological Review* 75-4. 2010.

Maslin, Mark. *Global Warming*, 2nd edition. Oxford: Oxford University Press, 2008. 조홍섭 역. 『기후변화의 정치경제학: 지구 온난화를 둘러싼 진실들』. 서울: 한겨레, 2010.

Mazo, Jeffrey. "Climate Change: Strategies of Denial." *Survival* 55-4. 2013.

Meyer, John W., David John Frank, Ann Hironaka, Evan Schofer, and Nancy Brandon Tuma. "The Structuring of a World Environmental Regime, 1870-1990." *International Organization* 51-4. 1997.

Mitchell, Ronald B. "International Environmental Agreements: A Survey of their Features, Formation, and Effects." *Annual Review of Environment and Resources* 28(November 2003).

_____. "Problem Structure, Institutional Design, and the Relative Effectiveness of International Environmental Agreements." *Global Environmental Politics* 6-3. 2006.

_____. "International Environmental Politics." In Walter Carlsnaes, Thomas

Risse-Kappen and Beth A Simmons, eds. *Handbook of International Relations*. Thousand Oaks: Sage, 2013.

Nabhan, Gary Paul. "Our Coming Food Crisis." *New York Times*. 2013.7.

Newell, Peter. "The Political Economy of Global Environmental Governance." *Review of International Studies* 34-3. 2008.

Okereke, Chukwumerije, Harriet Bulkeley, and Heike Schroeder. "Conceptualizing Climate Governance Beyond the International Regime." *Global Environmental Politics* 9-1. 2009.

Oreskes, Naomi. *Merchants of Doubt: How a Handful of Scientists Obscured the Truth on Issues from Tobacco Smoke to Global Warming*. New York: Bloomsbury Press, 2010, 『의혹을 팝니다: 담배 산업에서 지구 온난화까지 기업의 용병이 된 과학자들』. 서울: 미지북스, 2012.

Ovodenko, Alexander, and Robert O. Keohane. "Institutional Diffusion in International Environmental Affairs." *International Affairs* 88-3. 2012.

Oxfarm International. "Food Aid or Hidden Dumping: Separating Wheat from Chaff." Oxfarm Briefing Paper 71. 2005.

Poole, Richard. E. "Global Governance and the Environment: Evaluating the Effectiveness of Global Governance in Tackling Contemporary Environmental Issues." *Student Pulse* 4-6. 2012.

Qaimmaqami, Linda W., and Adam M. Howard. *Foreign Relations of the United States, 1969–1976, vol.24: Middle East Region and Arabian Peninsula, 1969–1972*; Jordan, September 1970. Washington, DC: US Govern- ment Printing Office, 2008.

Rajamani, Lavanya. "The Changing Fortunes of Differential Treatment in the Evolution of International Environmental Law." *International Affairs* 88-3. 2012.

Ramussen, Wayne D., and Paul Steven Stone. "Toward a Third Agricultural Revolution." *Proceedings of the Academy of Political Science* 34-3. 1982.

Raustiala, Kal. "States, NGOs, and International Environmental Institutions." *International Studies Quarterly* 41-4. 1997.

Ridley, Matt. "Climate Forecast: Muting the Alarm." *Wall Street Journal*. March 31, 2014.

Schreurs, Miranda A. *Environmental Politics in Japan, Germany, and the United*

States. Cambridge: Cambridge University Press, 2002.

Scott, Karen N. "International Environmental Governance: Managing Fragmentation through Institutional Connection." *Melbourne Journal of International Law 12.* 2011.

Secretary of State for Energy and Climate Change. *Government Response to the House of Commons Science and Technology 8th Report of Session 2009-10: The Disclosure of Climate Data from the Climatic Research Unit at the University of East Anglia.* Stationery Office, 2010.

Shanks, Cheryl, Harold K. Jacobson, Jeffrey H. Kaplan. "Inertia and Change in the Constellation of International Governmental Organizations, 1981~1992." *International Organization* 50-4. 1996.

Shaw, D. John. *Global Food and Agricultural Institutions.* London & New York: Routledge, 2009.

Sheingate, Adam D. *The Rise of the Agricultural Welfare State.* Princeton, NJ: Princeton University Press, 2001.

Stokke, Olav. *The UN and Development: From Aid to Development.* Bloomington, IN: Indiana University Press, 2009.

Tarnoff, Curt, and Marian Leonardo Lawson. "Foreign Aid: An Introduction to U.S. Programs and Policy." *Congressional Research Service* 7-5700. 2011.

Thacher, Peter S. "The Role of United Nations." In Andrew Hurrell and Benedict Kingsbury, eds. *The International Politics of the Environment.* Oxford: Clarendon Press 1992.

Tol, Richard. "Bogus Prophecies of Doom will not Fix the Climate." *Financial Times.* April 1, 2014.

UNEP. *Organizational Profile.* UNEP, 2006.

_____. *Annual Report 2012.* UNEP, 2013.

_____. *Year Book 2013: Emerging Issues in Our Global Environment.* UNEP, 2013.

United States Department of Agriculture. *Agricultural Statistic, 1963.* Washington, DC: United States Government Printing Office, 1963.

World Food Program USA. *WFP Annual Report 2012.* Washington, DC: World Food Program USA, 2013.

_____. *State of School Feeding Worldwide*. Rome, Italy: World Food Pro-
    gramme, 2013a.

Young, Oran R. "The Architecture of Global Environmental Governance: Bringing
    Science to Bear on Policy." *Global Environmental Politics* 8-1. 2008.

_____. "Effectiveness of International Environmental Regimes: Existing, Know-
    ledge, Cutting Edge Themes, and Research Strategies." *Proceedings of
    the National Academies of Science*, Vol.108, No.50. 2011.

〈인터넷 및 언론 자료〉

유엔 식량농업기구 한국협회(http://www.fao.or.kr/unfao/a_greeting.php).

한국환경산업기술원 국가환경정보센터(www.konetic.or.kr).

Bjorn Lomborg(www.lomborg.com).

Center for Global Development 2013. *Time for FAO to Shift to a Higher Gear:
    a Report of the CGD Working Group on Food Security*. http://www.
    cgdev.org/publication/time-fao-shift-higher-gear(검색일: 2014.3.27).

Codex Alimentarius Official Website, http://www.codexalimentarius.org/(검색
    일: 2014.3.7).

Eisenhower, Dwight D. "Address Before the 15th General Assembly of the
    United Nations, New York City"(1960.9.22). In Gerhard Peters and John
    T. Woolley. The American Presidency Project. http://www.presidency.
    ucsb.edu/ws/?pid=11954(검색일: 2014.6.30).

EWG Farm Subsidies. "Farm Payments." http://farm.ewg.org/(검색일: 2014.6.
    30).

FAO. Official Website. http://www.fao.org/home/en/(검색일: 2013.12.8).

_____. FAO Reform. http://www.fao.org/docrep/018/mg881e/mg881e.pdf(검
    색일: 2013.12.8).

_____. 1999. *The Strategic Framework for Food and Agricultural Organization,*

2000~2015. http://www.fao.org/docrep/x3550e/x3550e03.htm(검색일: 2014.3.2).

_____. "Investment Center." http://www.fao.org/investment/ourwork/en/(검색일: 2014.3.2).

_____. 2009. *The Strategic Framework, 2010~2019.* http://www.fao.org/uploads/media/C2009K5864EnglishStrategicFr_1.pdf(검색일: 2014.3.19).

_____. 2013. *Reviewed Strategic Framework, 2010~2019.* http://www.fao.org/docrep/meeting/027/mg015e.pdf(검색일: 2014.4.2).

FAO/WFP. Special Report: Crop and Food Security Assessment Mission to the Democratic People's Republic of Korea(16 November 2010). http://reliefweb.int/sites/reliefweb.int/files/reliefweb_pdf/node-375024.pdf(검색일: 2014.6.30).

Food and Nutrition Service, United States Department of Agriculture. 2014. "Program Data." http://www.fns.usda.gov/(검색일: 2014.6.30).

Global Warming Policy Foundation(GWPF)(thegwpf.org).

Humphrey, Hubert H. "Remarks of Senator Hubert H. Humphrey on Food for East Germany"(1954.7.8). Minnesota Historical Society. http://www.mnhs.org/(검색일: 2014.6.30).

IPCC(www.ipcc.ch).

Kenndy, John F. "Remarks of Senator John F. Kennedy Young Democrats State Convention Banquet Racine Wisconsin"(1960.3.19). In John F. Kennedy Presidential Library and Museum. http://www.jfklibrary.org/(검색일: 2014.6.30).

National Agricultural Statistics Service. 2014. "Data and Statistics." http://www.usda.gov/(검색일: 2014.6.30).

Rohosafi. "Anti WFP demonstration stages in Mogadishu." Warsheekh Media (2011.4.10).

The Economist. "When Feeding the Hungry is Political." *The Economist* (2010.3.18).

UNEP(www.unep.org).

UNEP 한국위원회(www.unep.or.kr).

United States Agency for International Development. U.S. Overseas Loans and Grant(Green Book). http://gbk.eads.usaidallnet.gov/(검색일: 2014.6.30).

WFP/FAO/UNICEF. Special Report: Rapid Food Security Assessment Mission to the Democratic People's Republic of Korea(24 March 2011). http:// home.wfp.org/stellent/groups/public/documents/ena/wfp233442.pdf (검색일: 2014.6.30).

World Food Programme. "HIV, AIDS, TB and Nutrition"(November 2011). http://www.wfp.org/(검색일: 2014.6.30).

_____. "WFP Gender Policy"(2009.2.10). http://www.wfp.org/(검색일: 2014. 6.30).

_____. 2012a. "Nutrition at the World Food Programme: Programming for Nutrition-Specific Interventions." http://www.wfp.org/(검색일: 2014.6. 30).

_____. 2012b. "Cash and Vouchers for Food"(April 2012). http://www.wfp. org/(검색일: 2014.6.30).

_____. 2012c. "Distribution of Seats," http://www.wfp.org/(검색일: 2014.6.30).

_____. 2013b. "VAM Understanding Vulnerability"(October 2013). http://www. wfp.org/(검색일: 2014.6.30).

_____. 2013c. "2012 Report of WFP's Use of Multilateral Funding." http://www. wfp.org/(검색일: 2014.6.30).

_____. 2014a. "About." http://www.wfp.org/(검색일: 2014.6.30).

_____. 2014b. "Contributions to WFP by Programme Category." http://www. wfp.org/(검색일: 2014.6.30).

_____. 2014c. "Food Procurement Annual Report 2013." http://www.wfp.org/ (검색일: 2014.6.30).

_____. 2014d. "Contributions to WFP: Comparative Figures by Donor Type." http://www.wfp.org/(검색일: 2014.6.30).

_____. 2014e. "Contributions to WFP: Comparative Figures and Five-Year Aggregate Ranking." http://www.wfp.org/(검색일: 2014.6.30).

_____. 2014f. "Organization Structure." http://www.wfp.org/(검색일: 2014.6. 30).

_____. 2014g. "Food Aid Information System." http://www.wfp.org/(검색일: 2014.6.30).

부 · 록

【부록 1】 유엔식량농업기구(FAO) 헌장

Preamble

The Nations accepting this Constitution, being determined to promote the common welfare by furthering separate and collective action on their part for the purpose of: raising levels of nutrition and standards of living of the peoples under their respective jurisdictions; securing improvements in the efficiency of the production and distribution of all food and agricultural products; bettering the condition of rural populations; and thus contributing towards an expanding world economy and ensuring humanity's freedom from hunger; hereby establish the Food and Agriculture Organization of the United Nations, hereinafter referred to as the "Organization", through which the Members will report to one another on the measures taken and the progress achieved in the field of action set forth above.

Article I

Functions of the Organization

1. The Organization shall collect, analyse, interpret and disseminate information relating to nutrition, food and agriculture. In this Constitution, the term "agriculture" and its derivatives include fisheries, marine products, forestry and primary forestry products.

2. The Organization shall promote and, where appropriate, shall recommend national and international action with respect to:

(a) scientific, technological, social and economic research relating to nutrition, food and agriculture;

(b) the improvement of education and administration relating to nutrition, food and agriculture, and the spread of public knowledge of nutritional and agricultural and practice;

(c) the conservation of natural resources and the adoption of improved methods of agricultural production;

(d) the improvement of the processing, marketing and distribution of food and agricultural products;

(e) the adoption of policies for the provision of adequate agricultural credit, national and international;

(f) the adoption of international policies with respect to agricultural commodity arrangements.

3. It shall also be the function of the Organization:

(a) to furnish such technical assistance as governments may request;

(b) to organize, in cooperation with the governments concerned, such missions as maybe needed to assist them to fulfil the obligation arising from their acceptance of the recommendations of the United Nations Conference on Food and Agriculture and of this Constitution; and

(c) generally to take all necessary and appropriate action to implement the purposes of the Organization as set forth in the Preamble.

Article II

Membership and Associate Membership

1. The original Member Nations of the Organization shall be such of the nations specified in Annex I as accept this Constitution, in accordance with the provisions of Article XXI.

2. The Conference may by a two-thirds majority of the votes cast, provided that a majority of the Member Nations of the Organization is present, decide to admit as an additional Member of the Organization any nation which has submitted an application for membership and a declaration made in a formal instrument that it will accept the obligations of the Constitution as in force at the time of admission.

3. The Conference may by a two-thirds majority of the votes cast, provided that a majority of the Member Nations of the Organization is present, decide to admit as a Member of the Organization any regional economic integration organization meeting the criteria set out in paragraph 4 of this Article, which has submitted an application for membership and a declaration made in a formal instrument that it will accept the obligations of the Constitution as in force at the time of admission. Subject to paragraph 8 of this Article, references to Member Nations under this Constitution shall

include Member Organizations, except as otherwise expressly provided.

4. To be eligible to apply for membership of the Organization under paragraph 3 of this Article, a regional economic integration organization must be one constituted by sovereign States, a majority of which are Member Nations of the Organization, and to which its Member States have transferred competence over a range of matters within the purview of the Organization, including the authority to make decisions binding on its Member States in respect of those matters.

5. Each regional economic integration organization applying for membership in the Organization shall, at the time of such application, submit a declaration of competence specifying the matters in respect of which competence has been transferred to it by its Member States.

6. Member States of a Member Organization shall be presumed to retain competence over all matters in respect of which transfers of competence have not been specifically declared or notified to the Organization.

7. Any change regarding the distribution of competence between the Member Organization and its Member States shall be notified by the Member Organization or its Member States to the Director-General, who shall circulate such information to the other Member Nations of the Organization.

8. A Member Organization shall exercise membership rights on an alternative basis with its Member States that are Member Nations of the Organization in the areas of their respective competences and in accordance with rules set down by the Conference.

9. Except as otherwise provided in this Article, a Member Organization shall have the right to participate in matters within its competence in any meeting of the Organization, including any meeting of the Council or other body, other than bodies of restricted membership referred to below, in which any of its Member States are entitled to participate. A Member Organization shall not be eligible for election or designation to any such body, nor shall it be eligible for election or designation to any body established jointly with other organizations. A Member Organization shall not have the right to participate in bodies of restricted membership specified in the rules adopted by the Conference.

10. Except as otherwise provided in this Constitution or in rules set down by the Conference, and Article III paragraph 4 notwithstanding, a Member

Organization may exercise on matters within its competence, in any meeting of the Organization in which it is entitled to participate, a number of votes equal to the number of its Member States which are entitled to vote in such meeting. Whenever a Member Organization exercises its right to vote, its Member States shall not exercise theirs, and conversely.

11. The Conference may, under the same conditions regarding the required majority and quorum as prescribed in paragraph 2 above, decide to admit as an Associate Member of the Organization any territory or group of territories which is not responsible for the conduct of its international relations upon application made on its behalf by the Member Nation or authority having responsibility for its international relations, provided that such Member Nation or authority has submitted a declaration made in a formal instrument that it will accept on behalf of the proposed Associate Member the obligations of the Constitution as in force at the time of admission, and that it will assume responsibility for ensuring the observance of the provisions of paragraph 4 of Article VIII, paragraphs 1 and 2 of Article XVI, and paragraphs 2 and 3 of Article XVIII of this Constitution with regard to the Associate Member.

12. The nature and extent of the rights and obligations of Associate Members are defined in the relevant provision of this Constitution and the rules and regulations of the Organization.

13. Membership and Associate Membership shall become effective on the date on which the Conference approved the application.

Article III

The Conference

1. There shall be a Conference of the Organization in which each Member Nation and Associate Member shall be represented by one delegate. Associate Members shall have the right to participate in the deliberations of the Conference but shall not hold office or have the right to vote.

2. Each Member Nation and Associate Member may appoint alternates, associates and advisers to its delegate. The Conference may determine the conditions for the participation of alternates, associates and advisers in its proceedings, but any such participation shall be without the right to vote, except in the case of an alternate, associate, or adviser participating in the

place of a delegate.

3. No delegate may represent more than one Member Nation or Associate Member.

4. Each Member Nation shall have only one vote. A Member Nation which is in arrears in the payment of its financial contributions to the Organization shall have no vote in the Conference if the amount of its arrears equals or exceeds the amount of the contributions due from it for the two preceding calendar years. The Conference may, nevertheless, permit such a Member Nation to vote if it is satisfied that the failure to pay is due to conditions beyond the control of the Member Nation.

5. The Conference may invite any international organization which has responsibilities related to those of the Organization to be represented at its meetings on the conditions prescribed by the Conference. No representative of such an organization shall have the right to vote.

6. The Conference shall meet once in every two years in regular session. It may meet in special session:

(a) if at any regular session the Conference decides, by a majority of the votes cast, to meet in the following year;

(b) if the Council so instructs the Director-General, or if at least one-third of the Member Nations so request.

7. The Conference shall elect its own officers.

8. Except as otherwise expressly provided in this Constitution or by rules made by the Conference, all decisions of the Conference shall be taken by a majority of the votes cast.

9. The Conference shall be assisted by a Committee on World Food Security. This Committee shall report to the Conference and to the United Nations General Assembly (UNGA), through the Economic and Social Council (ECOSOC) and the Conference. Its composition and terms of reference shall be governed by rules adopted by the Conference.

Article IV

Functions of the Conference

1. The Conference shall determine the policy and approve the budget of the Organization and shall exercise the other powers conferred upon it by this Constitution.

2. The Conference shall adopt General Rules and Financial Regulations for the Organization.

3. The Conference may, by a two-thirds majority of the votes cast, make recommendations to Member Nations and Associate Members concerning questions relating to food and agriculture, for consideration by them with a view to implementation by national action.

4. The Conference may make recommendations to any international organization regarding any matter pertaining to the purpose of the Organization.

5. The Conference may review any decision taken by the Council or by any commission or committee of the Conference or Council, or by any subsidiary body of such commissions or committees.

6. There shall be such Regional Conferences as the Conference may establish. The status, functions and reporting procedures of the Regional Conferences shall be governed by rules adopted by the Conference.

Article V
Council of the Organization

1. A Council of the Organization consisting of forty-nine Member Nations shall be elected by the Conference. Each Member Nation on the Council shall have one representative and shall have only one vote. Each Member of the Council may appoint alternates, associates and advisers to its representative. The Council may determine the conditions for the participation of alternates, associates and advisers in its proceedings, but any such participation shall be without the right to vote, except in the case of an alternate, associate or adviser participating in the place of a representative. No representative may represent more than one Member of the Council. The tenure and other conditions of office of the Members of the Council shall be subject to rules made by the Conference.

2. The Conference shall, in addition, appoint an independent Chairperson of the Council.

3. The Council shall have such powers as the Conference may delegate to it, but the Conference shall not delegate the powers set forth in paragraphs 2, 3 and 11 of Article II, Article IV, paragraph 1 of Article VII, Article XII, paragraph 4 of Article XIII, paragraphs 1 and 6 of Article XIV and Article

XX of this Constitution.

4. The Council shall appoint its officers other than the Chairperson and, subject to any decisions of the Conference, shall adopt its own Rules of Procedure.

5. Except as otherwise expressly provided in this Constitution or by rules made by the Conference or Council, all decisions of the Council shall be taken by a majority of the votes cast.

6. In the performance of its functions, the Council shall be assisted:

(a) by a Programme Committee, a Finance Committee, and a Committee on Constitutional and Legal Matters, which shall report to the Council; and

(b) by a Committee on Commodity Problems, a Committee on Fisheries, a Committee on Forestry, and a Committee on Agriculture which shall report to the Council on programme and budget matters and to the Conference on policy and regulatory matters.

7. The composition and terms of reference of the Committees referred to in paragraph 6 shall be governed by rules adopted by the Conference.

Article VI

Commissions, Committees, Conferences, Working Parties and Consultations

1. The Conference or Council may establish commissions, the membership of which shall be open to all Member Nations and Associate Members, or regional commissions open to all Member Nations and Associate Members whose territories are situated wholly or in part in one or more regions, to advise on the formulation and implementation of policy and to coordinate the implementation of policy. The Conference or Council may also establish, in conjunction with other intergovernmental organizations, joint commissions open to all Member Nations and Associate Members of the Organization and of the other organizations concerned, or joint regional commissions open to Member Nations and Associate Members of the Organization and of the other organizations concerned, whose territories are situated wholly or in part in the region.

2. The Conference, the Council, or the Director-General on the authority of the Conference or Council may establish committees and working parties to study and report on matters pertaining to the purpose of the Organization

and consisting either of selected Member Nations and Associate Members, or of individuals appointed in their personal capacity because of their special competence in technical matters. The Conference, the Council, or the Director-General on the authority of the Conference or Council may, in conjunction with other intergovernmental organizations, also establish joint committees and working parties, consisting either of selected Member Nations and Associate Members of the Organization and of the other organizations concerned, or of individuals appointed in their personal capacity. The selected Member Nations and Associate Members shall, as regards the Organization, be designated either by the Conference or the Council, or by the Director-General if so decided by the Conference or Council. The individuals appointed in their personal capacity shall, as regards the Organization, be designated either by the Conference, the Council, selected Member Nations or Associate Members, or by the Director-General, as decided by the Conference or Council.

3. The Conference, the Council, or the Director-General on the authority of the Conference or Council shall determine the terms of reference and reporting procedures, as appropriate, of commissions, committees and working parties established by the Conference, the Council, or the Director-General as the case may be. Such commissions and committees may adopt their own rules of procedure and amendments thereto, which shall come into force upon approval by the Director-General. The terms of reference and reporting procedures of joint commissions, committees and working parties established in conjunction with other intergovernmental organizations shall be determined in consultation with the other organizations concerned.

4. The Director-General may establish, in consultation with Member Nations, Associate Members and National FAO Committees, panels of experts, with a view to developing consultation with leading technicians in the various fields of activity of the Organization. The Director-General may convene meetings of some or all of these experts for consultation on specific subjects.

5. The Conference, the Council, or the Director-General on the authority of the Conference or Council may convene general, regional, technical or other conferences, or working parties or consultations of Member Nations and Associate Members, laying down their terms of reference and reporting procedures, and may provide for participation in such conferences, working

parties and consultations, in such manner as they may determine, of national and international bodies concerned with nutrition, food and agriculture.

6. When the Director-General is satisfied that urgent action is required, he may establish the committees and working parties and convene the conferences, working parties and consultations provided for in paragraphs 2 and 5 above. Such action shall be notified by the Director-General to Member Nations and Associate Members and reported to the following session of the Council.

7. Associate Members included in the membership of the commissions, committees or working parties, or attending the conferences, working parties or consultations referred to in paragraphs 1, 2 and 5 above, shall have the right to participate in the deliberations of such commissions, committees, conferences, working parties and consultations, but shall not hold office or have the right to vote.

Article VII
The Director-General

1. There shall be a Director-General of the Organization who shall be appointed by the Conference for a term of four years. The Director-General shall be eligible for reappointment only once for a further term of four years.

2. The appointment of the Director-General under this Article shall be made by such procedures and on such terms as the Conference may determine.

3. Should the office of Director-General become vacant prior to the expiry of his term of office, the Conference shall, either at the next regular session or at a special session convened in accordance with Article III, paragraph 6 of this Constitution, appoint a Director-General in accordance with the provisions of paragraphs 1 and 2 of this Article. The duration of the term of office of the Director-General appointed at a special session shall expire after the second regular session of the Conference following the date of appointment, in accordance with the sequence for the term of office of the Director-General established by the Conference.

4. Subject to the general supervision of the Conference and the Council, the Director General shall have full power and authority to direct the work of the Organization.

5. The Director-General or a representative designated by him shall participate, without the right to vote, in all meetings of the Conference and of the Council and shall formulate for consideration by the Conference and the Council proposals for appropriate action in regard to matters coming before them.

Article VIII
Staff

1. The staff of the Organization shall be appointed by the Director-General in accordance with such procedure as may be determined by rules made by the Conference.

2. The staff of the Organization shall be responsible to the Director-General. Their responsibilities shall be exclusively international in character and they shall not seek or receive instructions in regard to the discharge thereof from any authority external to the Organization. The Member Nations and Associate Members undertake fully to respect the international character of the responsibilities of the staff and not to seek to influence any of their nationals in the discharge of such responsibilities.

3. In appointing the staff, the Director-General shall, subject to the paramount importance of securing the highest standards of efficiency and of technical competence, pay due regard to the importance of selecting personnel recruited on as wide a geographical basis as is possible.

4. Each Member Nation and Associate Member undertakes, insofar as it may be possible under its constitutional procedure, to accord to the Director-General and senior staff diplomatic privileges and immunities and to accord to other members of the staff all facilities and immunities accorded to non-diplomatic personnel attached to diplomatic missions or, alternatively, to accord to such other members of the staff the immunities and facilities which may hereafter be accorded to equivalent members of the staffs of other public international organizations.

Article IX
Seat

The seat of the Organization shall be determined by the Conference.

Article X

Regional and Liaison Offices

1. There shall be such regional offices and subregional offices as the Director-General, with the approval of the Conference, may decide.

2. The Director-General may appoint officials for liaison with particular countries or areas, subject to agreement of the government concerned.

Article XI

Reports by Member Nations and Associate Members

1. All Member Nations and Associate Members shall communicate regularly to the Director-General, on publication, the texts of laws and regulations pertaining to matters within the competence of the Organization which the Director-General considers useful for the purposes of the Organization.

2. With respect to the same matters, all Member Nations and Associate Members shall also communicate regularly to the Director-General statistical, technical and other information published or otherwise issued by, or readily available to, the government. The Director-General shall indicate from time to time the nature of the information which would be most useful to the Organization and the form in which this information might be supplied.

3. Member Nations and Associate Members may be requested to furnish, at such times and in such form as the Conference, the Council or the Director-General may indicate, other information, reports or documentation pertaining to matters within the competence of the Organization, including reports on the action taken on the basis of resolutions or recommendations of the Conference.

Article XII

Relations with the United Nations

1. The Organization shall maintain relations with the United Nations as a specialized agency within the meaning of Article 57 of the Charter of the United Nations.

2. Agreements defining the relations between the Organization and the United Nations shall be subject to the approval of the Conference.

Article XIII

Cooperation with Organizations and Persons

1. In order to provide for close cooperation between the Organization and other international organizations with related responsibilities, the Conference may enter into agreements with the competent authorities of such organizations, defining the distribution of responsibilities and methods of cooperation.

2. The Director-General may, subject to any decision of the Conference, enter into agreements with other intergovernmental organizations for the maintenance of common services, for common arrangements in regard to recruitment, training, conditions of service and other related matters, and for interchanges of staff.

3. The Conference may approve arrangements placing other international organizations dealing with questions relating to food and agriculture under the general authority of the Organization on such terms as may be agreed with the competent authorities of the organization concerned.

4. The Conference shall make rules laying down the procedure to be followed to secure proper consultation with governments in regard to relations between the Organization and national institutions or private persons.

Article XIV

Conventions and Agreements

1. The Conference may, by a two-thirds majority of the votes cast and in conformity with rules adopted by the Conference, approve and submit to Member Nations conventions and agreements concerning questions relating to food and agriculture.

2. The Council, under rules to be adopted by the Conference, may, by a vote concurred in by at least two thirds of the membership of the Council, approve and submit to Member Nations:

(a) agreements concerning questions relating to food and agriculture which are of particular interest to Member Nations of geographical areas specified in such agreements and are designed to apply only to such areas;

(b) supplementary conventions or agreements designed to implement any convention or agreement which has come into force under paragraphs 1 or 2(a).

3. Conventions, agreements, and supplementary conventions and agreements shall:

(a) be submitted to the Conference or Council through the Director-General on behalf of a technical meeting or conference comprising Member Nations, which has assisted in drafting the convention or agreement and has suggested that it be submitted to Member Nations concerned for acceptance;

(b) contain provisions concerning the Member Nations of the Organization, and such non-member States as are members of the United Nations, any of its specialized agencies or the International Atomic Energy Agency, and regional economic integration organizations, including Member Organizations, to which their Member States have transferred competence over matters within the purview of the conventions, agreements, supplementary conventions and agreements, including th e power to enter into treaties in respect thereto, which may become parties thereto and the number of acceptances by Member Nations necessary to bring such convention, agreement, supplementary convention or agreement into force, and thus to ensure that it will constitute a real contribution to the achievement of its objectives. In the case of conventions, agreements, supplementary conventions and agreements establishing commissions or committees, participation by non-member States of the Organization that are members of the United Nations, any of its specialized agencies or the International Atomic Energy Agency or by regional economic integration organizations other than Member Organizations, shall in addition be subject to prior approval by at least two-thirds of the membership of such commissions or committees. Where any convention, agreement, supplementary convention or agreement provides that a Member Organization or a regional economic integration organization that is not a Member Organization may become a party thereto, the voting rights to be exercised by such organizations and the other terms of participation shall be defined therein. Any such convention, agreement, supplementary convention or agreement shall, where the Member States of the Organization do not participate in that convention, agreement, supplementary convention or agreement, and where other parties exercise one vote only, provide that the organization shall exercise only one vote in any body established by such convention, agreement, supplementary convention or agreement, but shall enjoy equal rights of participation with Member Nations parties to such convention, agreement, supplementary convention or agreement;

(c) not entail any financial obligations for Member Nations not parties to it other than their contributions to the Organization provided for in Article XVIII, paragraph 2 of this Constitution.

4. Any convention, agreement, supplementary convention or agreement approved by the Conference or Council for submission to Member Nations shall come into force for each contracting party as the convention, agreement, supplementary convention or agreement may prescribe.

5. As regards an Associate Member, conventions, agreements, supplementary conventions and agreements shall be submitted to the authority having responsibility for the international relations of the Associate Member.

6. The Conference shall make rules laying down the procedure to be followed to secure proper consultation with governments and adequate technical preparations prior to consideration by the Conference or the Council of proposed conventions, agreements, supplementary conventions and agreements.

7. Two copies in the authentic language or languages of any convention, agreement, supplementary convention or agreement approved by the Conference or the Council shall be certified by the Chairperson of the Conference or of the Council respectively and by the Director-General. One of these copies shall be deposited in the archives of the Organization. The other copy shall be transmitted to the Secretary-General of the United Nations for registration once the convention, agreement, supplementary convention or agreement has come into force as a result of action taken under this Article. In addition, the Director General shall certify copies of those conventions, agreements, supplementary conventions or agreements and transmit one copy to each Member Nation of the Organization and to such non-member States or regional economic integration organizations as may become parties to the conventions, agreements, supplementary conventions or agreements.

Article XV

Agreements between the Organization and Member Nations

1. The Conference may authorize the Director-General to enter into agreements with Member Nations for the establishment of international institutions dealing with questions relating to food and agriculture.

2. In pursuance of a policy decision taken by the Conference by a two-thirds majority of the votes cast, the Director-General may negotiate and enter into such agreements with Member Nations subject to the provisions of paragraph 3 below.

3. The signature of such agreements by the Director-General shall be subject to the prior approval of the Conference by a two-thirds majority of the votes cast. The Conference may, in a particular case or cases, delegate the authority of approval to the Council, requiring a vote concurred in by at least two thirds of the membership of the Council.

Article XVI
Legal Status

1. The Organization shall have the capacity of a legal person to perform any legal act appropriate to its purpose which is not beyond the powers granted to it by this Constitution.

2. Each Member Nation and Associate Member undertakes, insofar as it may be possible under its constitutional procedure, to accord to the Organization all the immunities and facilities which it accords to diplomatic missions, including inviolability of premises and archives, immunity from suit and exemptions from taxation.

3. The Conference shall make provision for the determination by an administrative tribunal of disputes relating to the conditions and terms of appointment of members of the staff.

Article XVII
Interpretation of the Constitution and Settlement of Legal Questions

1. Any question or dispute concerning the interpretation of this Constitution, if not settled by the Conference, shall be referred to the International Court of Justice in conformity with the Statute of the Court or to such other body as the Conference may determine.

2. Any request by the Organization to the International Court of Justice for an advisory opinion on legal questions arising within the scope of its activities shall be in accordance with any agreement between the Organization and the United Nations.

3. The reference of any question or dispute under this Article, or any

request for an advisory opinion, shall be subject to procedures to be prescribed by the Conference.

Article XVIII
Budget and Contributions

1. The Director-General shall submit to each regular session of the Conference the budget of the Organization for approval.

2. Each Member Nation and Associate Member undertakes to contribute annually to the Organization its share of the budget, as apportioned by the Conference. When determining the contributions to be paid by Member Nations and Associate Members, the Conference shall take into account the difference in status between Member Nations and Associate Members.

3. Each Member Nation and Associate Member shall, upon approval of its application, pay as its first contribution a proportion, to be determined by the Conference, of the budget for the current financial period.

4. The financial period of the Organization shall be the two calendar years following the normal date for the regular session of the Conference, unless the Conference should otherwise determine.

5. Decisions on the level of the budget shall be taken by a two-thirds majority of the votes cast.

6. A Member Organization shall not be required to contribute to the budget as specified in paragraph 2 of this Article, but shall pay to the Organization a sum to be determined by the Conference to cover administrative and other expenses arising out of its membership in the Organization. A Member Organization shall not vote on the budget.

Article XIX
Withdrawal

Any Member Nation may give notice of withdrawal from the Organization at any time after the expiration of four years from the date of its acceptance of this Constitution. The notice of withdrawal of an Associate Member shall be given by the Member Nation or authority having responsibility for its international relations. Such notice shall take effect one year after the date of its communication to the Director-General. The financial obligation to the Organization of a Member Nation which has given notice of withdrawal, or of an Associate Member on whose behalf notice of withdrawal has been given, shall include the entire calendar year in which the notice takes effect.

Article XX
Amendment of Constitution

1. The Conference may amend this Constitution by a two-thirds majority of the votes cast, provided that such majority is more than one half of the Member Nations of the Organization.

2. An amendment not involving new obligations for Member Nations or Associate Members shall take effect forthwith, unless the resolution by which it is adopted provides otherwise. Amendments involving new obligations shall take effect for each Member Nation and Associate Member accepting the amendment on acceptance by two thirds of the Member Nations of the Organization and thereafter for each remaining Member Nation or Associate Member on acceptance by it. As regards an Associate Member, the acceptance of amendments involving new obligations shall be given on its behalf by the Member Nation or authority having responsibility for the international relations of the Associate Member.

3. Proposals for the amendment of the Constitution may be made either by the Council or by a Member Nation in a communication addressed to the Director-General. Director-General shall immediately inform all Member Nations and Associate Members of all proposals for amendments.

4. No proposal for the amendment of the Constitution shall be included in the agenda of any session of the Conference unless notice thereof has been dispatched by the Director General to Member Nations and Associate Members at least 120 days before the opening of the session.

Article XXI
Entry into Force of Constitution

1. This Constitution shall be open to acceptance by the nations specified in Annex I.

2. The instruments of acceptance shall be transmitted by each government to the United Nations Interim Commission on Food and Agriculture, which shall notify their receipt to the governments of the nations specified

in Annex I. Acceptance may be notified to the Interim Commission through a diplomatic representative, in which case the instrument of acceptance must be transmitted to the Commission as soon as possible thereafter.

3. Upon the receipt by the Interim Commission of 20 notifications of acceptance, the Interim Commission shall arrange for this Constitution to be signed in a single copy by the diplomatic representatives duly authorized thereto of the nations who shall have notified their acceptance, and upon being so signed on behalf of not less than 20 of the nations specified in Annex I, this Constitution shall come into force immediately.

4. Acceptances, the notification of which is received after the entry into force of this Constitution, shall become effective upon receipt by the Interim Commission or the Organization.

Article XXII
Authentic Texts of Constitution
The Arabic, Chinese, English, French, Russian and Spanish texts of this Constitution shall be equally authoritative.

[출처] Food and Agriculture Organization of the United Nations, http://www.fao.org/home/en/

【부록 2】 유엔식량농업기구 역대 사무총장

이름	국적	임기
조제 그라지아노 다 시우바 (Jose Graziano da Silva)	브라질	2012년 1월~현재
자크 디우프(Jacques Diouf)	세네갈	1994년 1월~2011년 12월
에두아르 사우마(Edouard Saouma)	레바논	1976년 1월~1993년 12월
아데케 헨드릭 부르마(A.H.Boerma)	네덜란드	1968년 1월~1975년 12월
비나이 란잔 센(B.R.Sen)	인도	1956년 11월~1967년 12월
필립 V.카든(Philip Vincent Cardon)	미국	1954년 1월~1956년 4월
노리스 E. 도드(Norris E. Dodd)	미국	1948년 4월~1953년 12월
존 보이드 오어(John Boyd Orr)	영국	1945년 10월~1948년 4월

[출처] Food and Agriculture Organization of the United Nations, http://www.fao.org/home/en/

【부록 3】 유엔 인간환경회의 선언: 스톡홀름 선언(1972년)

1972년 6월 5일부터 16일까지 스톡홀름에서 열린 유엔인간환경회의는 인간 환경의 개선과 보존으로 세계인들을 이끌고 고무하기 위한 공통의 원칙과 전망 의 필요성을 고려해 다음을 선언한다:

1. 인간은 인간에게 물질적인 생계수단을 제공하고, 지성적, 윤리적, 사회적, 그리고 정신적인 성장을 하게해주는 환경의 창조물이자 형성물이다. 과학 기술이 급속히 가속화되면서 이 지구에서 인류의 길고 험난했던 진보는 인간이 무수한 수단과 전례 없는 규모로 환경을 변화시킬 수 있는 힘을 갖게 되는 정도의 단계에 도달하였다. 자연적이든 인위적이든 인간의 환 경에 대한 양 측면은 인간의 안녕과 기본권의 향유, 생존권을 위해 없어서 는 안 되는 것이다.

2. 인간환경의 보호와 개선은 인류의 행복과 범세계적인 경제발전을 위한 중요한 문제이다. 즉, 인간환경을 보호하고 개선하는 일은 세계인의 절박 한 소망이며 모든 정부의 의무이기도 하다.

3. 인간은 항상 경험을 쌓고, 새로운 것을 발견하고, 발명하고, 창조하며 발 전시켜 나간다. 지금 이 시대에는 인간이 주위환경을 변화시킬 수 있는 능력을 지혜롭게 사용한다면 삶의 질을 향상시키는 기회와 발전의 혜택을 모두에게 줄 수 있다. 이 능력을 부주의하고 잘못되게 사용한다면, 인류와 인간 환경에 막대한 해를 끼칠 수 있다. 우리는 주위의 지구 여러 지역에 서 위험한 수준의 물과 공기와 토양오염, 생물권의 생태학적인 불균형을 야기하는 심각하고 바람직하지 않은 장애들, 대체할 수 없는 자원의 파괴 와 고갈, 인간이 만들어낸 환경에서 특히, 생활과 작업 환경에서 인간의 신체, 정신, 사회 건강에 해를 끼치는 총체적인 결핍과 같이 인류가 만들

어낸 피해현상이 증가하는 것을 볼 수 있다.

4. 개발도상국 환경문제의 대부분은 저개발에 원인이 있다. 수백만의 사람들이 적절한 의식주, 교육, 건강, 위생의 부족으로 생존을 위해 요구되는 최소한의 수준보다 크게 못 미치는 수준에서 살고 있다. 그러므로 개발도상국들은 환경의 개선과 보호를 위한 필요성과 그 우선순위를 마음에 새기고 개발 노력의 방향을 설정해야 한다. 같은 목적으로 산업화 국가들은 개발도상국들과의 차이를 줄이도록 노력해야 한다. 산업화된 국가에서 환경문제들은 일반적으로 산업화와 기술발달과 연관되어 있다.

5. 인구 수의 자연증가는 항상 환경보전을 위한 문제들을 나타낸다. 그러므로 이 문제들에 적절히 대처하기 위해 적절한 정책과 조치가 채택되어야 한다. 세상에서 가장 존귀한 존재는 인간이다. 사회적 진보를 추진하고, 사회복지를 창조하고, 과학기술을 개발하고, 근면한 노력으로 계속해서 인간환경을 변화시키는 주체는 인간이다. 사회화와 생산의 진보, 과학기술과 함께 환경을 개선하기 위한 인간의 능력은 나날이 향상된다.

6. 우리는 환경적인 결과를 위해 더욱 분별 있는 관심을 갖고, 세계 속에서 행동을 취해야 할 시점에 와있다. 무지와 무관심으로는 우리가 살고 있고, 의존하고 있는 이 지구환경에 막대하고 돌이킬 수 없는 해를 입힐 수 있다. 반대로 더 많은 지식과 더 지혜로운 행동으로 우리는 인간의 필요, 소망과 더욱 조화를 이루는 환경에서의 더 나은 삶을 우리 자신과 후대에 전할 수 있다. 바람직한 삶을 창조하고 환경의 질을 증대하기 위한 폭 넓은 전망들이 있다. 이를 위해 필요한 것은 열정적이지만 고요한 마음과 강렬하지만 정열적인 작업이다. 자연세계에서 자유를 이룩하기 위한 목적으로 인간은 자연과 협력하여 더 나은 환경을 만들기 위해 지식을 사용해야 한다. 현재와 미래 세대를 위해 인간환경을 지키고 개선하는 것은 세계경제사회발전과 평화의 기본적이고 확립적인 목표와 함께 모두 추구해야 할 인류를 위한 필수적인 목표이다.

7. 이 환경목표를 달성하기 위하여 시민, 집단, 기업과 단체들 모두는 공통의 노력 안에서 공평하게 책임감을 나누어 가질 것을 요구 받는다. 여러 분야의 기관들뿐 아니라 모든 계층의 개개인은 스스로의 가치와 공동 행동으

로 미래세계환경을 형성해 나갈 것이다.

지역과 국가 정부들은 법령 안에서 대규모 정책과 행동으로 커다란 짐을 지게 될 것이다. 이 분야에서 책임을 수행할 개발도상국들을 지원하기 위한 수단을 늘리기 위하여 국제협력 또한 필요하다. 환경문제는 지역적이기도 하고 국제적이기 때문에 또는 공통국제영역에 영향을 미치기 때문에 많아지는 환경문제는 공통이익에 따른 국제기구들의 행동과 국가간의 광범위한 협력을 요구하게 될 것이다.

이번 회의는 정부와 사람들에게 후대와 모든 인간의 이익을 위한 인간환경의 보전과 개선을 위하여 공통의 노력을 발휘할 것을 요구한다.

원칙
다음과 같은 공통의 신념을 성명한다.

원칙 1
인간은 인간의 삶에 행복과 존엄을 주는 환경 안에서 자유, 평등 그리고 합당한 삶의 지위를 영위할 기본권을 갖고 있고 동시에 현재와 미래세대를 위해 환경을 개선하고 보호해야 할 엄중한 책임을 갖는다. 따라서 남아공 인종차별, 식민주의, 기타 다른 형태의 압박과 다른 나라의 식민 지배를 조장하고 지속시키는 정책은 비난 받고 없어져야 한다.

원칙 2
자연 생태계를 대표하는 공기, 물, 토양, 동식물과 같이 이 지구상의 천연자원은 적절하고 주의 깊게 계획 또는 준비되어서 현재와 미래세대를 위하여 보호되어야 한다.

원칙 3
필수적인 재생 가능한 자원을 생산하는 지구의 능력은 반드시 유지되어야 하고 어디서든지 사용할 수 있게 복구되거나 향상되어야 한다.

원칙 4

인간은 불리한 요인들로 인해 크게 위협받고 있는 야생동물들의 생득권과 서식지를 지혜롭게 관리하고 보호해야 할 특별한 책임이 있다. 그러므로 야생 동물보호와 같은 자연보호는 경제개발계획 시 중요하게 다루어져야 한다.

원칙 5

재생 불가능한 지구의 자원은 앞으로의 고갈위험에 대비하는 방식으로 사용 되어야 하고 그로 인한 이득은 모든 인류가 공유해야 한다.

원칙 6

자연의 정화능력을 넘는 정도의 양 혹은 농도의 유독성 물질이나 기타 다른 물질의 방출과 열의 배출은 생태계에 심각하고 회복할 수 없는 피해가 생기기 전에 중단되어야 한다. 오염된 국가의 국민들이 행하는 오염에 대한 정당한 저 항은 반드시 지원되어야 한다.

원칙 7

국가는 바다에서 얻는 유익함을 해치거나 바다의 다른 법률적 사용에 방해되 고, 해양 생물과 생물자원에 해를 입히며 인간의 건강에 유해한 물질에 의한 바다 오염을 막기 위한 모든 가능한 방법을 취해야 한다.

원칙 8

경제사회발전은 삶의 질을 향상시키기 위해 필요한 지구의 상태를 조성하고, 인간을 위한 편리한 생활, 작업환경을 보장하기 위해 필수적이다.

원칙 9

저개발 상태와 자연재해로 인한 환경결핍은 막대한 문제를 일으키고, 이는 개발도상국들의 국내노력과 필요 시 적시에 지원하기 위한 보조로서 충분한 양의 재정적, 기술적 지원의 전환을 통한 개발이 가속화될 때 가장 확실히 치유될 수 있다.

원칙 10

개발도상국들에게는 생태학적 과정뿐만 아니라 경제적 요인들이 고려되어야 하므로 환경관리를 위해서 가격의 안정과 기초 일용품과 원료구입을 위한 적당한 수입이 필수적이다.

원칙 11

모든 국가의 환경정책은 개발도상국들의 현재와 미래의 발전 잠재력을 높이고 그에 불리한 영향을 주어서는 안 되며 모두를 위한 더 나은 환경조성달성에 방해가 되어서도 안 된다. 그리고 환경조치의 적용으로 인해 앞으로 일어날 국내, 국제 경제적 결과에 동의하는 국제기구와 국가들에 의해, 적절한 조치가 채택되어야 한다.

원칙 12

개발도상국들의 특수한 요구사항과 상황, 개발계획에 환경보존장치를 포함시키면서 생기는 비용, 이를 위한 추가적인 국제적 기술, 재정지원의 필요성 모두를 고려하여 환경을 보존, 개선할 수 있는 자원이 마련되어야 한다.

원칙 13

좀 더 합리적인 자원관리로 환경을 개선하기 위해서 국가는 그들의 개발계획이 전체의 이익을 위한 환경보존과 개선의 필요성에의 조화를 보장하는 통합되고 조정된 경제개발 접근을 해야 한다.

원칙 14

합리적인 계획은 환경의 보전, 개선의 필요성과 개발의 필요성 사이에서 야기될 수 있는 마찰을 조정하기 위한 필수도구이다.

원칙 15

계획은 모두에게 사회적, 경제적, 환경적으로 최대로 이익이 되고, 환경에 부정적인 영향을 주지 않도록 인간의 거주지와 도시화에 적용되어야 한다. 이러한 관점에서 식민, 인종지배를 목적으로 하는 계획은 금지되어야만 한다.

원칙 16

기본인권에 대한 편견이 없고 정부에게 인정받은 인구 정책은 인구성장과 과잉인구집중도가 인간환경에 부정적인 영향을 미치고 개발에 방해가 될 것 같은 지역에 적용되어야 한다.

원칙 17

환경질의 개선을 목적으로 국가의 9개 자원에 대한 계획, 관리 또는 조절의 임무는 적절한 국가기관에게 위임되어야 한다.

원칙 18

경제사회발전에 기여하는 과학과 기술은 환경위험에 대한 인식, 기피, 조절과 환경문제의 해결 그리고 인류공통의 이익을 위하여 사용되어야 한다.

원칙 19

혜택 받지 못하는 이 들에게 당연한 관심을 줌으로써 성인뿐만 아니라 젊은 세대들에 대한 환경문제 교육은 전체인간의 범위에서 환경보존과 개발 시 개인, 기업, 집단의 책임 있는 역할 그리고 열린 의견의 근간을 넓히기 위하여 필수적이다. 언론이 환경악화에 기여하지 않고, 모든 점에서 긍정적인 환경 개발보호 필요성의 교육적인 자연정보를 전하는 것 또한 필수적이다.

원칙 20

국내적이고 다국적인 환경문제에 관한 과학연구와 개발은 반드시 모든 국가, 특히 개발도상국에서 추진되어야만 한다. 이러한 관계로 최신 과학 정보의 자유로운 소통과 경험의 이전은 환경문제해결을 용이하게 하도록 지원되어야 한

다. 즉, 환경 기술은 개발도상국에 경제적인 부담 없이 광범위한 보급에 기여하
도록 이용되어야 한다.

원칙 21

유엔 헌장과 국제법에 따라 국가는 그들의 환경정책에 따라 자국의 자원을
개발할 주권적 권리를 갖고 자국의 법령과 통제 내에서의 활동이 다른 국가
또는 국가 관할권의 범위를 벗어난 지역에 환경피해를 주지 않도록 할 책임을
갖는다.

원칙 22

국가는 오염피해자들과 법령 또는 이를 넘는 지역의 국가 통제 안에서의 활
동으로 야기된 기타 환경피해에 대한 보상과 책임에 관한 국제법을 발전시키기
위해 협력한다.

원칙 23

앞으로 국제사회에서 이루어질 합의나 개별 국가에서 확립될 표준에 대한
편견 없이 어떠한 경우에라도 각 국의 우세한 가치시스템을 배려하며 개발도상
국들에게 적절치 못하고 부당한 사회적 비용이 발생할 수 있는 최선진국의 표
준적용범위를 고려해야 한다.

원칙 24

환경의 보호와 개선에 관한 국제적 문제들은 크든 작든 대등한 입장에서 모
든 국가의 협력정신에 의해 협조되어야 한다.

모든 국가의 이익과 주권보호를 위한 행위에서 야기되는 환경에 대한 부정적
인 영향을 효과적으로 제거, 감소, 보호, 통제하기 위하여 다국가간 혹은 양국간
의 협력과 또는 다른 적절한 수단들이 필수적이다.

원칙 25

국가는 환경의 보호와 개선을 위한 협력적, 효율적, 그리고 역동적인 국제기

구의 역할을 보장한다.

　원칙 26
　인간과 환경은 핵무기와 다른 대량살상무기의 영향 없이 살아야 하며, 국가는 관련된 국제 조직에서 그러한 무기들의 완전 파괴와 제거의 즉각적인 합의에 도달하도록 노력해야 한다.

21번째 총회

1972년 6월 16일

[출처] 유엔환경계획 한국위원회

【부록 4】 환경과 개발에 관한 리우 선언

전 문

유엔환경개발회의가 1992년 6월 3일~14일간 리우데자네이루에서 개최되었음. 1972년 스톡홀름에서 채택된 'UN 인간환경회의선언'을 재확인하고 이를 더욱 확고히 할 것을 추구하여 모든 국가와 사회의 주요분야, 그리고 모든 사람들 사이의 새로운 차원의 협력을 창조함으로써 새롭고 공평한 범세계적 동반자 관계를 수립할 목적으로 모두의 이익을 존중하고 또한 지구의 환경 및 개발체제의 통합성을 보호하기 위한 국제협정체결을 위하여 노력하며 우리들의 삶의 터전인 지구의 통합적이며 상호의존적인 성격을 인식하면서 다음과 같이 선언한다.

원칙 1

인간을 중심으로 지속가능한 개발이 논의되어야 함. 인간은 자연과 조화를 이룬 건강하고 생산적인 삶을 향유하여야 함.

원칙 2

각 국가는 유엔헌장과 국제법 원칙에 조화를 이루면서 자국의 환경 및 개발 정책에 따라 자국의 자원을 개발할 수 있는 주권적 권리를 갖고 있으며 자국의 관리구역 또한 통제범위 내에서의 활동이 다른 국가나 관할범위 외부지역의 환경에 피해를 끼치지 않도록 할 책임을 갖고 있음.

원칙 3

개발의 권리는 개발과 환경에 대한 현세대와 차세대의 요구를 공평하게 충족할 수 있도록 실현되어야 함.

원칙 4

지속가능한 개발을 성취하기 위하여 환경보호는 개발과정의 중요한 일부를 구성하며 개발과정과 분리시켜 고려되어서는 안됨.

원칙 5

모든 국가와 국민은 생활수준의 격차를 줄이고 세계 대다수의 사람들의 기본 수요를 충족시키기 위하여 지속가능한 개발의 필수요건인 빈곤의 퇴치라는 중차대한 과업을 위해 협력하여야 함.

원칙 6

개발도상국, 특히 최빈개도국과 환경적으로 침해받기 쉬운 개도국의 특수상황과 환경보전의 필요성은 특별히 우선적으로 고려의 대상이 되어야 함. 또한 환경과 개발분야에 있어서의 국제적 활동은 모든 나라의 이익과 요구를 반영하여야 함.

원칙 7

각 국가는 지구생태계의 건강과 안전성을 보존, 보호 및 회복시키기 위하여 범세계적 동반자의 정신으로 협력하여야 함. 지구의 환경악화에 대한 제각기 다른 책임을 고려하여, 각 국가는 공통된 그러나 차별적인 책임을 가짐. 선진국들은 그들이 지구환경에 끼친 영향과 그들이 소유하고 있는 기술 및 재정적 자원을 고려하여 지속가능한 개발을 추구하기 위한 국제적 노력에 있어서 분담하여야 할 책임을 인식함.

원칙 8

지속가능한 개발과 모든 사람의 보다 나은 생활의 질을 추구하기 위하여 각 국가는 지속불가능한 생산과 소비 패턴을 줄이고 제거하여야 하며 적절한 인구정책을 촉진하여야 함.

원칙 9

각 국가는 과학적, 기술적 지식의 교환을 통하여 과학적 이해를 향상시키고 새롭고 혁신적인 기술을 포함한 기술의 개발, 적용, 존속, 전파 그리고 이전을 증진시킴으로써 지속가능한 개발을 위한 내재적 능력을 형성, 강화하도록 협력하여야 함.

원칙 10

환경문제는 적절한 수준의 모든 관계 시민들의 참여가 있을 때 가장 효과적으로 다루어짐. 국가차원에서 각 개인은 지역사회에서의 유해물질과 처리에 관한 정보를 포함하여 공공기관이 가지고 있는 환경정보에 적절히 접근하고 의사결정과정에 참여 할 수 있는 기회를 부여받아야 함. 각 국가는 정보를 광범위하게 제공함으로써 공동의 인식과 참여를 촉진하고 증진시켜야 함. 피해의 구제와 배상 등 사법 및 행정적 절차에 효과적으로 접근할 수 있어야 함.

원칙 11

각 국가는 효과적인 환경법칙을 규정하여야 함. 환경기준, 관리목적, 그리고 우선순위는 이들이 적용되는 환경과 개발의 정황이 반영되어야 함. 어느 한 국가에서 채택된 기준은 다른 국가, 특히 개도국에게 부적당하거나 지나치게 경제·사회적 비용을 초래할 수도 있음.

원칙 12

각 국가는 환경악화문제에 적절히 대처하기 위하여, 모든 국가의 경제성장과 지속 가능한 개발을 도모함에 있어 도움이 되고 개방적인 국제경제체제를 증진시키도록 협력하여야 함. 환경적 목적을 위한 무역정책수단은 국제무역에 대하여 자의적 또는 부당한 차별적 조치나 위장된 제한을 포함해서는 안됨. 수입국 관할지역 밖의 환경적 문제에 대응하기 위한 일방적 조치는 회피되어야 함. 국경을 초월하거나 지구적 차원의 환경문제에 대처하는 환경적 조치는 가능한 한 국제적 합의에 기초하여야 함.

원칙 13

각 국가는 환경오염이나 기타 환경위해의 피해자에 대한 책임과 배상에 관한 국제법을 발전시켜야 함. 각 국가는 자국의 관할권 또는 통제지역 내에서의 활동이 자국의 관리범위 이외 지역에 초래한 악영향에 대한 책임과 배상에 관한 국제법을 보다발전시키기 위하여 신속하고 확실한 방법으로 협력하여야 함.

원칙 14

각 국가는 환경악화를 심각하게 초래하거나 인간의 건강에 위해한 것으로 밝혀진 활동이나 물질을 다른 국가로 재배치 또는 이전하는 것을 억제하거나 예방하기 위하여 효율적으로 협력하여야 함.

원칙 15

환경을 보호하기 이하여 각 국가의 능력에 따라 예방적 조치가 널리 실시되어야 함. 심각한 또는 회복 불가능한 피해의 우려가 있을 경우, 과학적 불확실성이 환경악화를 지양하기 위한 비용/효과적인 조치를 지연시키는 구실로 이용되어서는 안됨.

원칙 16

국가 당국은 오염자가 원칙적으로 오염의 비용을 부담하여야 한다는 원칙을 고려하여 환경비용의 내부화와 경제적 수단의 이용을 증진시키도록 노력하여야 함. 이에 있어서 공공이익을 적절히 고려하여야 하며 국제무역과 투자를 왜곡시키지 않아야 함.

원칙 17

환경에 심각한 악영향을 초래할 가능성이 있으며 관할 국가당국의 의사결정을 필요로 하는 사업계획에 대하여 환경영향평가가 국가적 제도로서 실시되어야 함.

원칙 18

각 국가는 다른 국가의 환경에 급격한 위해를 초래할 수 있는 어떠한 자연재해나 기타의 긴급사태를 상대방 국가에 즉시 통고해야 함. 국제사회는 이러한 피해를 입은 국가를 돕기 위하여 모든 노력을 기울여야 함.

원칙 19

각 국가는 국경을 넘어서 환경에 심각한 악영향을 초래할 수 있는 활동에 대하여 피해가 예상되는 국가에게 시기적절한 사전 통고 및 관련 정보를 제공하여야 하며 초기단계에서 성실하게 이들 국가와 협의하여야 함.

원칙 20

여성은 환경관리 및 개발에 있어서 중대한 역할을 수행함. 따라서 지속가능한 개발을 달성하기 위하여는 그들의 적극적인 참여가 필수적임.

원칙 21

지속가능한 개발을 성취하고 모두의 밝은 미래를 보장하기 위하여 전 세계 청년들의 독창성, 이상, 그리고 용기가 결집되어 범세계적 동반자 관계가 구축되어야 함.

원칙 22

토착민과 그들의 사회, 그리고 기타의 지역사회는 그들의 지식과 전통적 관행으로 인하여 환경관리와 개발에 있어서 중요한 역할을 수행함. 각 국가는 그들의 존재와 문화 및 이익을 인정하고 적절히 지지하여야 하며, 또한 지속가능한 개발을 성취하기 위하여 그들의 효과적인 참여가 가능하도록 하여야 함.

원칙 23

압제, 지배 및 점령하에 있는 국민의 환경과 자연자원은 보호되어야 함.

원칙 24

전쟁은 본질적으로 지속가능한 개발을 파괴함. 따라서 각 국가는 무력분쟁 시 환경의 보호를 규정하는 국제법을 존중하여야 하며 필요한 경우에는 이의 발전을 위하여 협력하여야 함.

원칙 25

평화, 발전, 환경보호는 상호의존적이며 불가분의 관계에 있음.

원칙 26

국가는 그들의 환경분쟁을 유엔헌장에 따라 평화적으로 또한 적절한 방법으로 해결하여야 함.

원칙 27

각 국가와 국민들은 이 선언에 구현된 원칙을 준수하고 지속가능한 개발분야에 있어서의 관련 국제법을 한층 발전시키기 위하여 성실하고 동반자적 정신으로 협력하여야 함.

[출처] 환경부 디지털 도서관, http://library.me.go.kr/search/DetailView.Popup.ax?cid=40481

【부록 5】 조직도

1) 세계식량계획

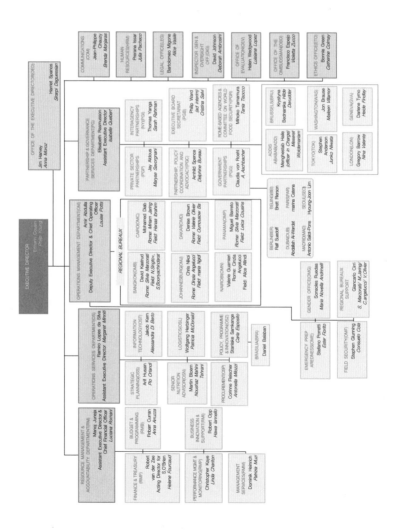

[출처] http://www.wfp.org/about/corporate-information

2) 유엔식량농업기구

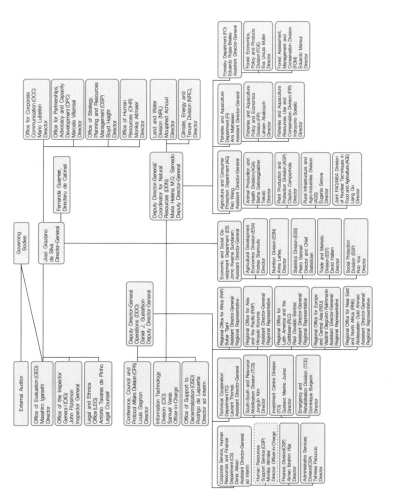

3) 유엔환경계획 사무국

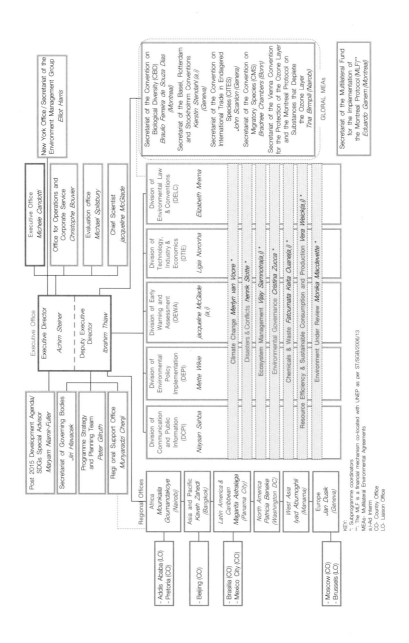

색·인

필·자·소·개

(원고 게재순)

▌ 김준석
  현 | 가톨릭대학교 국제학부 교수
  미국 시카고대학교 정치학 박사
  연구분야: 국제관계, 유럽정치

▌ 조동준
  현 | 서울대학교 정치외교학부 외교학전공 교수
  미국 Pennsylvania State University 정치학 박사
  연구분야: 국제기구, 핵무기 확산

▌ 이왕휘
  현 | 아주대학교 정치외교학과 교수
  영국 London School of Economics 국제정치학 박사
  연구분야: 국제정치경제, 기업·국가 관계